★JESÚS VARGAS VALDÉS★

VILLA BANDOLERO

mr

Diseño de portada: Estudio la fe ciega / Domingo Martínez
Imagen de portada: © Shutterstock / Kostenko Maxim
Diseño de interiores: Carolina Orozco

© 2018, Jesús Vargas Valdés

Derechos reservados

© 2018, Editorial Planeta Mexicana, S.A. de C.V.
Bajo el sello editorial MARTÍNEZ ROCA M.R.
Avenida Presidente Masarik núm. 111, Piso 2
Colonia Polanco V Sección
Delegación Miguel Hidalgo
C.P. 11560, Ciudad de México
www.planetadelibros.com.mx

Primera edición en formato epub: agosto de 2018
ISBN: 978-607-07-5047-2

Primera edición impresa en México: agosto de 2018
ISBN: 978-607-07-5046-5

Impreso en los talleres de Litográfica Ingramex, S.A. de C.V.
Centeno núm. 162-1, colonia Granjas Esmeralda, Ciudad de México
Impreso y hecho en México - *Printed and made in Mexico*

*Al maestro Jerzy Rzedowski que orientó,
con su ejemplo, el respeto por la investigación.*

*Al amigo y maestro Friedrich Katz que conoció
los primeros avances de esta historia.*

Índice

Introducción

La revolución de 1910 removió la estructura política y el orden social construidos durante 34 años de dictadura. No se trató de una explosión casual o espontánea: fue el resultado de un proceso de muchos años, en el que se conjuntaron los intereses y reclamos de diferentes clases sociales que desde 1890 expresaban sus inconformidades contra la dictadura del general Porfirio Díaz.

Después de las elecciones de julio de 1910, los antirreeleccionistas habían llegado a la conclusión de que el gobierno de Porfirio Díaz no tenía ningún respeto por el sufragio y, por lo tanto, no había posibilidad alguna de modificar pacíficamente la situación. Los resultados electorales habían demostrado una vez más que el general Díaz no estaba dispuesto a abandonar la presidencia en los siguientes cuatro años, dejando como única alternativa la lucha armada, camino que ya desde 1906 habían emprendido los militantes del Partido Liberal Mexicano.

En el estado de Chihuahua, entre otros puntos del país, se desató una gran movilización popular que confrontó al Ejército mexicano, soporte principal de la dictadura y encargado de reprimir huelgas obreras, justos reclamos de tierras de los campesinos, protestas sociales provocadas por los fraudes electorales y, en términos generales, cualquier brote de inconformidad social.

Bastaron solo seis meses de insurrección, del 20 de noviembre de 1910 al 10 de mayo de 1911, para doblegar al ejército represor y resquebrajar al gobierno porfirista, que había acumulado seis periodos electorales con el mismo candidato, el mismo presidente de la república y la misma clase dirigente.

El triunfo revolucionario provocó que los de abajo, representados por Francisco I. Madero, se elevaran momentáneamente hacia la cúspide del poder político. De los estratos más profundos del pueblo, donde se encontraban los peones de las haciendas, los trabajadores sin empleo y los pequeños propietarios, es decir, los que menos tenían, emergieron personajes, hombres y mujeres que hasta entonces habían sobrevivido en el estrecho marco de un orden social donde no se respetaban las garantías, los derechos individuales y la dignidad humana.

En este escenario social emergió la figura de un famoso bandido que había bajado de las sierras y llanuras de Durango para convertirse en uno de los jefes revolucionarios más activos en las filas del movimiento maderista. Doroteo Arango, bandolero, había acumulado en los primeros años de 1900 un gran historial delictivo en Durango y para salvarse de la persecución, de la cárcel o de la muerte, se dirigió hacia la región más al norte del estado, donde fue creando una sólida base social, desde Torreón de Cañas, Las Nieves, Villa Ocampo, Indé y Santa María del Oro.

De esta región, Arango fue extendiendo su actividad hacia la sierra del estado de Sinaloa y hacia la región minera de Parral, donde se relacionó con personajes poderosos que le compraban tanto protección como el fruto de sus correrías: desde mulas para la minería, caballos, armas y ganado que se legalizaba sin mayores problemas.

Desde Parral, Arango expandió sus actividades hacia todo el estado de Chihuahua, haciendo negocios con personas que introducían ganado a los rastros. En esta nueva relación, el bandolero duranguense se convirtió en comerciante de ganado, logrando que las autoridades lo dejaran trabajar y transitar libremente por todo el estado, incluso pese a que muchas personas sabían de sus actividades ilícitas.[1]

Doroteo Arango dedicó la mitad de su vida, de 1894 a 1910, al abigeato y al bandolerismo: dieciséis años en los que había aprendido todo lo que se necesitaba para ser un buen guerrero. No solo entrenó hasta ser un experto tirador y un gran jinete, sino que amasó un enorme conocimiento de la geografía y de los recursos naturales de la región. Esa era su preparación en 1910, cuando se presentó como Francisco Villa ante el jefe de la revolución en Chihuahua, Abraham González, quien lo aceptó en el movimiento pese a conocer su pasado y su verdadera identidad.

En abril de 1911, poco antes de la toma de Ciudad Juárez, Francisco I. Madero, que por entonces se encontraba en territorio chihuahuense, lo exoneró públicamente, reconociéndole además sus cualidades y sus méritos. Sin embargo, dos meses después, en mayo de 1911, el mismo presidente lo despachó a su casa, dejándolo fuera de las celebraciones de la revolución triunfante y del nuevo gobierno provisional.

---

[1] Por la vía testimonial se sabe que Francisco Villa visitaba periódicamente el distrito de Guerrero. Entre otros pueblos, Villa visitaba el de San Isidro, donde conocía a los Orozco, así como a otros de los jóvenes de este lugar que después se incorporaron a la revolución. Orozco y los demás compañeros de este pueblo nunca olvidaron los antecedentes de Villa, sus actividades de abigeo y bandido, y los tuvieron muy presentes después del triunfo de la revolución, erigiéndose este asunto como un factor fundamental de diferencia y hasta de menosprecio.

Pero esta actitud no sólo se dio de parte de los de San Isidro, sino de muchos otros revolucionarios que no provenían de las filas del abigeato. Es el caso de Máximo Castillo, quien en sus memorias escribió su experiencia del día 19 en Cañada de Mena, y expresaba su preocupación porque se iba a reunir con un bandido; es decir, Villa.

Los antecedentes del bandolero no se limpiaron con el triunfo revolucionario: el estigma lo acompañaría como una mancha indeleble, como un hierro candente.

En marzo de 1912, en una de sus decisiones más extrañas e incomprendidas, Villa intentó sumarse a los rebeldes chihuahuenses que se habían inconformado con el presidente Madero, y en respuesta fue humillado por el general Orozco, quien simplemente le respondió que ellos no se juntaban con bandidos. Villa nunca perdonó esa afrenta y, semanas después del rechazo, decidió apoyar a Madero y se dirigió a Torreón con un numeroso contingente, poniéndose a las órdenes del general Victoriano Huerta.

Su participación fue determinante en los combates de Parral y en la derrota de los rebeldes orozquistas del Plan de la Empacadora, pero a pesar de ello, el general Huerta aprovechó la primera oportunidad que tuvo para deshacerse de él: lo acusó injustamente de haber cometido un acto de indisciplina, ordenó desarmarlo junto a todos sus compañeros, lo puso frente al pelotón de fusilamiento y a punto estuvo Francisco Villa, el bandolero, de recibir una descarga de balas asesinas en pago por sus valiosos servicios a la causa revolucionaria.

Villa estuvo preso en la ciudad de México durante el resto del año 1912. Desde la prisión le escribió decenas de cartas al presidente Madero pidiéndole la libertad, prometiéndole que se sometería a sus órdenes, que combatiría a quien se le ordenara y que lo haría en cualquier parte del país.

En diciembre de ese año, cuando supo que Huerta estaba a punto de lanzar el golpe militar, se las arregló para evadirse de la cárcel, refugiándose en El Paso, Texas, donde recibió la noticia de que el presidente Madero y el vicepresidente Pino Suárez habían sido asesinados en la madrugada del 22 de febrero.

A principios de marzo de 1913, Villa abandonó el territorio de Estados Unidos y se dirigió al estado de Chihuahua, donde se había iniciado la lucha contra Huerta casi inmediatamente después de la muerte del presidente Madero. Durante los meses siguientes, el otrora bandolero se concentró totalmente en la guerra. Su experiencia, aunada al coraje acumulado contra Huerta y contra Pascual Orozco, fue el combustible idóneo para que realizara las más grandes proezas militares.

Habían pasado casi tres años desde que Villa se había entregado totalmente a la causa de la revolución. Durante este tiempo recibió muchos desaires, desprecios y hasta humillaciones de parte de sus "superiores". En cada ocasión, Villa encontraba que las razones estaban inevitablemente unidas a su pasado como bandolero.

A principios de 1914, sin embargo, su posición había cambiado radicalmente. Se había convertido en el jefe de la famosa División del Norte y sus hazañas militares se reconocían en todo México; no estaba ya sujeto a los designios de ningún superior y todavía no se expresaban las contradicciones con Carranza, quien se encontraba aún muy lejos.

En Chihuahua se estaba construyendo un gobierno revolucionario y se estaba publicando el periódico *Vida Nueva*, donde se informaba de las acciones de la División del Norte y las medidas del nuevo gobierno en favor del pueblo. Un día, el director de ese periódico, Manuel Bauche Alcalde, le propuso a Villa que le contara su vida. El general aceptó sin reticencias. Entre otros pasajes de su ajetreada existencia, Villa explicó al periodista por qué había tenido que abandonar su tierra y a su familia y por qué se había convertido en un proscrito, en un hombre fuera de la ley.[2]

---

[2] La posteridad conoció la vida de Villa por medio de lo que dictó en aquellos días a Manuel Bauche Alcalde. Sin embargo, se debe tener en cuenta que éste

En los años siguientes el doctor Puente publicó otros libros también dedicados a la biografía de Villa. Seis años después, en 1937, Martín Luis Guzmán publicó *Memorias de Pancho Villa*, utilizando en los primeros capítulos los cuadernos originales de Manuel Bauche Alcalde, además de datos que el escritor había investigado en diferentes fuentes documentales y en testimonios directos de protagonistas que formaron parte de los ejércitos villistas.

Desde entonces, varias generaciones de lectores han conocido de las páginas de este libro la versión que el propio Villa expuso como causa principal que lo había obligado a convertirse en un fuera de la ley. Los historiadores aceptaron y difundieron esta versión como la más apegada a la realidad, y casi nada se investigó sobre la vida del joven bandolero en los años siguientes (1894-1910) quedando un hueco enorme, porque esos dieciséis años en que Villa se dedicó al bandolerismo fueron determinantes en su formación. Las andanzas, proezas y quebrantos de la ley del bandolero son indispensables para dimensionar cabalmente los grandes méritos del revolucionario. En aquella sociedad de carácter rural, el abigeo reunía características físicas y mentales que lo hacían sobresalir del común de las personas: se trataba de individuos jóvenes, de gran resistencia física, expertos en el manejo de las armas y de la montura, con la capacidad para resistir, en las

---

último cambió la forma y, en algunos pasajes, incluso modificó el sentido de los relatos. Por halagar al general, incluyó muchos términos que no eran los que él utilizaba y cuando Martín Luis Guzmán utilizó los cuadernos originales, también introdujo cambios, de manera que las "memorias" perdieron parte de su cometido. Pero además, en aquellos momentos en que Villa dictó sus recuerdos, el general estaba pasando por un estado de ánimo eufórico, consecuencia de los portentosos triunfos militares obtenidos por la División del Norte en el estado de Chihuahua y en Coahuila.

peores condiciones, las inclemencias del tiempo, además de estar dotados de una tenacidad inquebrantable. Eran hombres formados para luchar, para enfrentarse a los peligros de manera constante, razones por las que estos elementos fueron tan importantes en las filas de la revolución. Estas características, también, explican en parte la forma en la que Villa logró convertirse en el gran líder militar.

Además, los abigeos tenían un conocimiento al detalle de todo el estado e incluso de algunas regiones de Durango, Sonora y Sinaloa. Se sabe que algunas bandas juntaban periódicamente, en el estado de Chihuahua, hatos hasta de 200 mulas que llevaban a vender a los minerales de Sinaloa. En el recorrido que hacían tenían que cuidarse para evitar encontrarse con otras gavillas, porque eran seguros los enfrentamientos que tenían que sostener para conservar el ganado que llevaban, además de evitar a las cordadas y a los policías rurales.

Hasta antes de 1880 no era significativo el número de bandas que operaban en el estado; sin embargo, después de la creación de las Compañías Deslindadoras y de la construcción del ferrocarril, se fue incrementando aceleradamente esta actividad. De acuerdo a las estadísticas judiciales en el estado, durante los años previos a la revolución, uno de los delitos más comunes era el abigeato, aunque se podrían sugerir otras razones de carácter social para explicar el florecimiento de esta actividad delictiva. En todo caso, se va a encontrar que, conforme se acercaba el fin de siglo y se concentraba más la propiedad, conforme los hacendados cercaban y expandían sus tierras, en esa medida iban creciendo el número de delitos y por lo tanto el número de bandas en todo el estado.

Fue desde esta actividad, fuertemente influida por el aumento de la desigualdad y la concentración de la riqueza, que Francisco

Villa y muchos otros de sus compañeros se incorporaron al movimiento revolucionario de 1910, un movimiento no en vano vinculado a la reivindicación de los desposeídos, una clase a la que Doroteo Arango conocía a la perfección. Este libro pretende demostrar que el Doroteo Arango bandolero, a diferencia de lo que muchos historiadores han pretendido, es uno mismo con el coronel Francisco Villa, extraordinario líder revolucionario.

PARTE I.

Los bandoleros

El interés social por las leyendas y relatos fue uno de los elementos culturales de las comunidades urbanas y rurales del siglo XIX y principios del XX. Era una costumbre muy extendida entre las familias reunirse en las noches para platicar de las cosas extraordinarias que se contaban en los pueblos: como leyendas de tesoros, de aparecidos, sucesos del pasado y, por supuesto, hazañas de bandoleros.[3]

Muchos de estos relatos empezaban explicando que el famoso bandolero había sido persona pacífica, dedicada a trabajar honestamente, hasta que un día el cacique regional o el representante de la autoridad lo habían convertido en víctima de alguna felonía y, al defenderse, se había visto obligado a tomar justicia por su propia mano, huyendo después al monte, convirtiéndose en un proscrito, en un fuera de la ley.

El final de estas historias también era casi el mismo: una traición, un descuido y el escurridizo bandolero caía abatido por las

---

[3] El bandolero es un personaje social que se hace paulatinamente presente en la historia, tal como los terratenientes, los comerciantes y los militares. Su origen es muy remoto, pero posterior a la instauración de la propiedad privada y la desigualdad social que ésta trajo consigo.

En el Diccionario *Etimológico de la Lengua Castellana*, Joan Corominas anota que el término procede de *bandoler* (1455) palabra catalana que se popularizó como consecuencia del gran desarrollo de las banderías y luchas civiles en Cataluña que degeneraron en el bandolerismo entre los siglos XV y XVI.

balas de sus persecutores, adquiriendo a partir de ese momento un sitio en la veneración popular gracias a la valentía y las hazañas que había acumulado durante sus correrías.

Entre aquellos relatores naturales, algunos compositores anónimos de corridos se encargaron de registrar las historias de bandoleros, exaltando sus correrías y hasta adjudicándoles el carácter de héroes populares; entre otras razones, porque rompían las reglas de la dictadura, negándose a claudicar frente a los odiados rurales y militares porfirianos.

No obstante, y pese a su notable incremento durante este periodo, el bandolerismo no es una creación social de la opresión porfirista. Los antecedentes remotos de esta actividad se pueden ubicar desde la época colonial y probablemente su expresión más característica en ese periodo fue el abigeato.

El fenómeno del abigeato se ha discutido, en general, dentro del marco conceptual del bandolerismo y el bandidaje. Los autores que han estudiado estos problemas vinculados a la criminalidad en la Nueva España colonial se abocaron, fundamentalmente, a las últimas décadas del siglo XVIII y casi siempre estuvieron preocupados por analizar el contexto de desórdenes sociales que condujeron a la crisis del orden colonial y al movimiento de independencia.[4]

La historiadora Sara Ortelli encontró documentos del Archivo Histórico de Parral en los que se muestra que en Santa Bárbara, Valle de San Bartolomé, Real del Oro, Indé, Santiago Papasquiaro y Mapimí, se practicaba el abigeato.[5]

[4] *Trama de una guerra conveniente*, de Sara Ortelli.
[5] En el libro *Trama de una guerra conveniente*, Sara Ortelli identificó algunos de estos lugares por la gran incidencia en el robo de ganado que era vendido en pie, mientras que otra parte era sacrificada para obtener carne,

Esos abigeos del siglo XVIII no eran ladrones ocasionales o proscritos: eran vecinos sin problemas con la justicia que no eran perseguidos. Algunos de ellos eran, incluso, personajes prominentes.

Con estas referencias podemos ubicar algunos de los antecedentes del abigeato y el bandolerismo, pero no se puede ignorar que, desde el inicio de la época colonial, también los indígenas insumisos desarrollaron sus propias formas de resistencia contra el régimen español, convirtiéndose en proscritos y desarrollando formas de subsistencia similares a las de los bandoleros.

En documentos coloniales se hace referencia a los grupos indígenas rarámuri y tepehuán, que permanecían temporalmente en las misiones, pero luego huían y se arraigaban en los lugares más accidentados, donde no alcanzaban a llegar la cruz y la espada. También hay evidencias de que algunos indígenas inconformes se convertían en salteadores de caminos, caseríos apartados e incluso de presidios, donde atacaban fugazmente, para luego volver a los sitios donde tenían sus guaridas.

Fueron los indígenas quienes irrumpieron en esta actividad, ejerciéndola como una forma de resistencia desde la época colonial, dejando también su huella en el imaginario de los pueblos rurales del estado de Chihuahua y Durango, donde los niños y jóvenes se enteraban y emocionaban con los relatos de las guerras y las proezas que habían sostenido los pueblos indios contra los españoles invasores. A los pueblos indios rebeldes, a las bandas de rarámuris y tepehuanes que se declaraban en rebeldía, se les identificaba en los documentos como "indios insumisos". A los apaches y comanches que se levantaron durante el siglo XIX, se les identificaba como "bárbaros", y ellos re-

---

cuero, sebo y manteca, productos que luego se comerciaban en Parral, Minas Nuevas y Valle de San Bartolomé.

21

presentaron el último eslabón de las guerras indias en el norte de México.

Durante cinco décadas, de 1830 a 1880, los apaches sostuvieron heroicamente una guerra perdida por adelantado. En los pueblos y en las comunidades rurales se les temía pero también se les admiraba; por su valentía, por sus hazañas, sobre todo, por un natural razonamiento de justicia, ellos fueron las víctimas insurrectas que no se dejaron aplastar y pagaron por su rebeldía.

Durante el siglo XIX los apaches desarrollaron sus propias tácticas de combate, poniendo en juego sus conocimientos ancestrales sobre el uso del medio para resistir y tratar de subsistir. Las bandas que a mediados de siglo incursionaban por el territorio de Chihuahua actuaban en forma muy parecida a las agrupaciones de bandoleros mestizos con quienes establecían contactos esporádicamente, pero algunas pandillas de apaches también se relacionaban con el rarámuri: no sólo para combatir a los blancos, también para el mitote y para tomar tesgüino.[6]

---

[6] En 1863 fueron aprehendidos cuatro rarámuris de Ariasiachic, del distrito de Guerrero, acusados de complicidad con una banda de apaches que habían cometido un asalto el 24 de julio de ese año en el camino de Bachíniva a Santo Tomás.

Durante varios meses se les siguió la causa y en la investigación fueron interrogados varias decenas de vecinos, incluso algunos de los gobernadores rarámuris del pueblo de Ariasiachi.

La investigación se siguió hasta finales de ese año, y no obstante que los mestizos agredidos reconocieron plenamente a uno de los asaltantes rarámuris, todos fueron dejados en libertad, porque durante los interrogatorios y careos no se les pudo comprobar que habían participado en el asalto. Sin embargo, en las declaraciones que hicieron los testigos y acusados se expusieron datos muy interesantes respecto a la participación de los rarámuris con los apaches en los asaltos, y también sobre la forma en que estos bajaban a tomar tesgüino con algunos rarámuris.

Se puede sugerir que desde la época colonial hubo cierta identificación entre los "indios insumisos" y los bandoleros mestizos. Por razones diferentes, ambos asumían esta forma de vida, y el origen se encontraba en el sistema de opresión y desigualdad que condenaba a la mayoría de la población a vivir en el vasallaje, en condiciones miserables. A final de cuentas, bandoleros, mestizos e indios insumisos transitaban en la marginalidad, por los mismos caminos, aproximándose y estableciendo contactos en algunos momentos.

No en vano, los mestizos aprendieron de los indios insumisos y de los bárbaros sus tácticas de guerra y los conocimientos acumulados durante muchos años. Aprendieron el uso estratégico de la geografía: a identificar y utilizar las partes altas de las montañas para descubrir los movimientos de sus enemigos, a aprovechar los mejores sitios para las emboscadas. Conocieron la ubicación de los aguajes, de los accesos a los cañones más inexpugnables, aprendieron por dónde iban las veredas, los atajos y la ubicación exacta de las cuevas más escondidas entre las peñas y farallones.

La aplicación cotidiana de estos conocimientos dio lugar a la conformación de una cultura del bandolerismo que durante la segunda mitad del siglo XIX se extendió en varios estados del norte

---

Los apaches solo bajaban durante la noche y lo hacían en forma muy cuidadosa para que no se enteraran todos los vecinos del pueblo. Dolores, el rarámuri que los recibía, les hacía una lumbrada, indicándoles de esa manera que no había peligro.

Los rarámuris amigos de los apaches usaban un trapo blanco que se amarraban a la cabeza. Cuando los apaches se quedaban tomando tesgüino y les amanecía, los dejaban encerrados todo el día para que nadie se diera cuenta que habían estado en el pueblo, pero principalmente para que no los viera la gente que pasaba de otros pueblos.

Otras formas de comunicación que utilizaban los apaches con los rarámuris a la hora de los ataques eran unos "pitos". Les gustaba mucho la carne de mula y una especie de atole de bellota.

de México. Gavillas y bandoleros, la mayoría sin identidad y sin historia, ocuparon la atención de las autoridades judiciales, que también desarrollaron métodos propios para combatirlos. No obstante el elevado número de casos, muy pocos bandoleros quedaron registrados en la memoria social. La mayoría de ellos se perdieron en el anonimato, pero de sus actividades y correrías se tiene conocimiento a través de los expedientes judiciales y de las notas que salían esporádicamente en los periódicos.[7]

En la segunda mitad del siglo XIX, con el auge de la ganadería, se incrementaron los delitos relacionados con el abigeato. En algunos lugares, las bandas se coordinaban con autoridades judiciales, policías, funcionarios de los gobiernos y hasta respetables ganaderos, que aprovechaban para comprar ganado robado que luego comerciaban como si fuera propio. Esta relación entre abigeos y ganaderos respetables se hizo evidente en el distrito de Hidalgo, en el distrito de Guerrero y en el norte de Durango (partido de Indé), región donde el abigeato era una actividad muy extendida.[8]

Las formas tradicionales de control de la propiedad del ganado se resquebrajaron: el uso de los fierros de marcar perdió

---

[7] De esta cultura, de esta actividad social, surgió la figura del joven bandolero Doroteo Arango, quien durante más de diez años incursionó en una extensa región geográfica que incluía los estados de Chihuahua, Durango y Sinaloa. Sin embargo, para los propósitos de la presente investigación empezaremos por la región del norte de Durango y sur del estado de Chihuahua, porque es en ese espacio donde desarrolló la mayor actividad como bandolero durante los diez años previos a la revolución de 1910 y es ahí también donde se formó su principal base de apoyo revolucionaria.

[8] Para estudiar las raíces del abigeato, la formación de redes familiares en esta actividad y cómo algunos hacendados y personas poderosas la aprovechaban desde finales del siglo XVIII, se recomienda la lectura del artículo de Sara Ortelli *Parientes, compadres y allegados: los abigeos de Nueva Vizcaya en la segunda mitad del siglo XVIII*, publicado en la revista Relaciones 102, del Colegio de México en el año 2005. Volumen XXVI.

efectividad debido a que los abigeos desarrollaron su propio sistema para empalmar los fierros y alterar las marcas originales. Era imposible cercar los inmensos territorios de pastoreo o disponer del número suficiente de vaqueros para vigilar todos los potreros; ante la presión de los hacendados, las autoridades endurecieron las leyes. El 16 de diciembre de 1893, el gobierno del estado promovió una nueva ley ganadera. Más adelante, el 2 de julio de 1895, se creó la policía rural, encargada principalmente de recorrer los campos y caminos, de perseguir a los abigeos. Ambos hechos aumentaron la tensión entre las relaciones en las zonas rurales, especialmente en el noroeste, donde la acción de los deslindadores fue más extensiva.

En las estadísticas de la época se ilustran claramente los efectos de las nuevas leyes en el incremento de procesados por motivos de abigeato y robo, delitos muy relacionados entre sí. El bandolerismo, en la modalidad del abigeato, se incrementó notablemente durante los años de dictadura porfirista. Su surgimiento no fue azaroso. En aquellos años, la dictadura aplastaba y dominaba con mano de hierro incluso las lejanas tierras del norte del país. El porfiriato creó, basado en décadas de perfeccionamiento, un sistema que protegía a los caciques latifundistas y castigaba despiadadamente a los peones, y en muchos casos, el resultado trató de levantamientos armados y rebeliones individuales. Los bandidos eran, pues, movidos no solo por el impulso de hacerse de bienes materiales, sino por la imperiosa necesidad de hacer justicia, aunque fuera por propia mano. Los documentos judiciales no registraban de esta manera las causas de los ladrones de ganado y, por el contrario, se hizo costumbre identificar como "bandoleros" a todos los que se enfrentaban al orden establecido. Tampoco las estadísticas reflejan todas las causas que provocaron el incremento del bandolerismo. Se pueden anotar varias, pero la razón principal fue la creación de una nueva forma de despojo ideada por los terratenientes y el gobierno de Díaz.

Compañías deslindadoras: despojo y acumulación

El proceso de despojo y concentración de la tierra tuvo su justificación "oficial" en la ley conocida originalmente como de deslinde de los terrenos nacionales, gestada durante los primeros años del gobierno porfirista.

Originalmente, el 31 de mayo de 1875, al iniciarse el último año del interinato del presidente Sebastián Lerdo de Tejada, se decretó la ley para el deslinde de los terrenos nacionales. Con esta ley se esperaba determinar cuáles eran los terrenos de los que podía disponer el gobierno para uso público, pero la tarea no pudo ni siquiera arrancar porque, al año siguiente del decreto, cuando Sebastián Lerdo de Tejada se aprestaba a participar en las elecciones de 1876, el entonces presidente interino tuvo que huir del país a causa del golpe de estado promovido por el general Porfirio Díaz.

Siete años después, con Manuel González en la presidencia, el 15 de diciembre de 1883, se expidió la ley por medio de la cual se otorgaron nuevas facultades al presidente de la república para que se hicieran los trabajos de apeo, deslinde, medición, fraccionamiento y valuación de los terrenos baldíos y nacionales. A fin de lograrlo, se contrató el servicio de compañías deslindadoras, que recibirían como pago la tercera parte de los terrenos deslindados. Los grupos de capitalistas que se encargaban de financiar los trabajos de estas compañías contrataban a ingenieros agrimensores, quienes efectuaban los trabajos de apeo o deslinde, además de abogados que, con la ley en la mano y la mano en el bolsillo de sus patrones, defendían los intereses de los propietarios de estas compañías.

Entre 1884 y 1885 surgieron, en los estados de Chihuahua y Durango, varias compañías dedicadas a lo mismo que clasificaban y medían los terrenos que pertenecían a la nación, pero que también se aprovecharon de las imprecisiones jurídicas para despojar a los colonos. Estos eran gente sencilla, humilde y trabajadora, quienes desde muchos años atrás se habían apropiado de pequeñas fracciones de tierra, que con el tiempo y mucho esfuerzo habían transformado en rancherías productivas. Sin embargo, estas propiedades se habían realizado de facto, algunas con el apoyo del mismo gobierno y otras de manera espontánea, pero ni unas ni otras habían recibido títulos: este era el pretexto con el que los sagaces abogados despojaban a los desprotegidos rancheros.[9]

La ley para el deslinde surgió como fruto de una buena intención del ministro de Fomento, Carlos Pacheco, pero casi de inmediato los latifundistas la convirtieron en el mejor medio para legalizar el despojo, cometiendo terribles injusticias en contra de cientos de pequeños propietarios y dejando a la deriva a muchos jóvenes, que de la noche a la mañana se veían sin medios de subsistencia.[10]

---

[9] La novela histórica *Sembradores de vientos*, de Miguel Bolaños Cacho, quien se desempeñó en esta época como asesor militar y director del Periódico Oficial del estado de Chihuahua, registra de manera muy ilustrativa este proceso de despojo por parte de las Compañías Deslindadoras.

[10] Entre los hijos de estos rancheros despojados y expulsados de sus tierras, hubo muchos jóvenes a quienes no les resultó atractivo acomodarse ni como peones ni como vaqueros de las haciendas, y menos aún como trabajadores en las minas, optando por dedicarse al abigeato y a otras actividades ilegales antes que perder la libertad de la cual habían disfrutado durante sus

La mayor parte de este ejército de desmovilizados se incorporó al trabajo asalariado: en aquellos años había una gran demanda de mano de obra en varios lugares de la zona, producto de la intensa actividad minera. Muchos desplazados emigraron a las ciudades o pueblos mineros como Parral, Santa Bárbara, San Francisco del Oro o Villa Escobedo, entre otros; algunos más se incorporaron como peones o como vaqueros de las haciendas.

No todos los jóvenes, sin embargo, se integraron con facilidad al mercado laboral. Hubo quienes se aferraron a su forma de vida en libertad: jóvenes sin medios para vivir; jóvenes que no habían sido educados en el peonaje de las haciendas, sino en el ambiente de trabajo de la gente libre, es decir, como rancheros dueños de su tierra y del fruto de su trabajo; jóvenes para quienes convertirse en mineros o en peones era como la muerte, y que estaban dispuestos a arriesgar la vida para conservar la libertad en la que habían crecido; jóvenes orgullosos de su fortaleza, del manejo del caballo, de las armas y del dominio de las prácticas del rancho, de aquellas maniobras del oficio que habían aprendido desde niños.

Es decir, jóvenes que prefirieron optar por el abigeato y el robo antes que entregar sus mejores años a la minería o a la agricultura que solo los exprimirían mientras enriquecían a algún terrateniente solo para, años después, escupirlos ya exhaustos, ya cansados. Estos jóvenes bandoleros enfrentaban, casi de manera instintiva, al gobierno que había despojado a sus familias; eran jóvenes para quienes el sistema del orden, de la legalidad porfiriana, no representaba ya nada, para quienes delinquir era una manera de responder a la injusticia de que habían sido vícti-

---

primeros años. Nunca olvidaron el despojo del que habían sido víctimas sus familias, y al estallar la revolución no dudaron en incorporarse, convirtiéndose algunos de ellos en dirigentes medios.

mas. Su rebelión, su transformación en delincuentes, debe leerse no solo como un quebrantamiento de las leyes sino como la expresión de un descontento popular.

Así, durante el periodo de 1876 a 1910 proliferaron en todo el país los "fuera de la ley". Estaban formados en su mayoría por jóvenes que tomaban este camino sin plena consciencia de que era la forma en que respondían a un sistema injusto que los dejaba sin alternativa.

En el norte de México surgieron las bandas que combinaban el abigeato con el asalto en los caminos. Muchos de estos bandoleros caían en manos de los rurales y eran ejecutados sin causa legal; otros abandonaban la actividad y se dedicaban a otra cosa, pero algunos más formaban bandas que acumulaban experiencia y habilidades para burlar a sus perseguidores. Bandas que, gracias a su posición de resistencia frente a una realidad que dejaba muy pocas opciones para quienes menos tenían, acumularon una popularidad —muchas veces inmensa— entre el pueblo. De estas bandas surgieron personajes que se hicieron muy famosos en su momento, grabando sus nombres en la historia de México para siempre: Heraclio Bernal, Ignacio Parra y, por supuesto, Doroteo Arango.

PARTE II.

Heraclio Bernal

Uno de los bandoleros más famosos durante los años del porfiriato fue Heraclio Bernal, quien inició sus actividades alrededor de 1875, en una región ubicada entre los límites del estado de Sinaloa y Durango, extendiéndose esporádicamente hasta Chihuahua.[11]

La historia de Heraclio Bernal tiene que buscarse con agudeza y algo de sentido común, porque no dejó ningún texto autobiográfico y nadie escribió sus memorias. Sus biógrafos más conocidos recurrieron a los relatos populares y a documentos que se conservaron en los archivos de Sinaloa, Durango y el Archivo General de la Nación, en la Ciudad de México.

---

[11] Aunque el campo de acción de Bernal estaba ubicado entre Sinaloa y Durango, existen menciones de su incursión en el estado de Chihuahua, donde al parecer mantenía contactos. En el libro *Heraclio Bernal ¿Bandido, cacique o precursor de la revolución?*, la autora Nicole Girón dice al respecto:

> [...] se llega a rumorear que Bernal salió de Sinaloa, como lo anuncia un telegrama del gobernador de Durango, con fecha del 18 de mayo de 1886 según el cual Bernal está en Chihuahua, y fue visto en El Parral, dirigiéndose hacia los distritos del noroeste del estado de Durango. Inmediatamente alertados, los prefectos políticos de El Oro e Indé no pueden confirmar esta noticia. Es muy probable que Bernal haya tenido contacto con personas residentes en Chihuahua. Los hermanos, Vicente y Juan, habían sido aprehendidos cerca de la frontera de Sinaloa y Chihuahua. Además, se sabe, por las declaraciones del médico curandero Breckman, que las autoridades de La Cumbre, Chih., protegían a Bernal, pero es difícil decir qué tipo de apoyo buscaba Bernal en estas regiones relativamente alejadas de su zona principal de acción.

Bernal nació el 28 de junio de 1855 en el rancho El Chaco, ubicado en los límites de Sinaloa y Durango.[12] En 1868, sus padres, Jesús Bernal y Jacinta Zazueta, se trasladaron con los cinco hijos al mineral Guadalupe de los Reyes, donde Heraclio pudo asistir a la escuela y aprender a leer y escribir. Sin embargo, al año siguiente los Bernal emigraron a Palo Verde, interrumpiendo la formación escolar de Heraclio.

En 1871, el general Díaz se levantó contra el gobierno de Juárez, proclamando el Plan de la Noria. Aunque los alzados tenían muchos simpatizantes en el estado, los juaristas de Palo Verde se organizaron rápidamente para defender al gobierno, eligiendo como jefe del grupo de voluntarios a Jesús Bernal, padre de Heraclio. Nació ahí uno de los héroes del futuro ídolo: el tesón y la tenacidad con la que los juaristas defendieron a Juárez le permitieron ver al joven Heraclio las cualidades que un gran líder es capaz de despertar en sus hombres.

El presidente Juárez murió al año siguiente, pero la admiración que despertó en el joven Heraclio no se borró en toda una vida. Tampoco olvidó al general Porfirio Díaz, contra quien gestó una profunda animadversión: Díaz era, sin lugar a dudas, el enemigo máximo del campesinado mexicano.

El destino, pues, estaba escrito: con esta experiencia, y con el antecedente de que dos de sus tíos, Eugenio y Merced Zazueta, habían muerto como bandoleros, Heraclio tomó ese camino poco antes de cumplir los veinte años. Sin embargo, su trayectoria no

---

[12] Gastélum, Ignacio, *Apuntes biográficos de Heraclio Bernal. Historia de sus principales hechos vandálicos*, Culiacán, México, 1888.

Hoy veintidós de julio de 1855.- Yo José María Martín, cura encargado de esta santa iglesia de San Ignacio, bauticé solemnemente y puse los Santos Oleos, a Heraclio Bernal, que nació en El Chaco, á veintiocho del pasado junio, hijo legítimo de Jesús Bernal y de Jacinta Zazueta: fueron sus padrinos Manuel Maldonado y Petra Franco, de que doy fé. José María Martín.

fue la de un típico ladrón o salteador de caminos: en varios momentos de su carrera se involucró en movimientos insurreccionales, relacionándose con políticos antiporfiristas, como Jesús Ramírez Terrón y Trinidad García de la Cadena. Las acciones revolucionarias que emprendió con ellos, y luego con sus propias guerrillas, fracasaron porque la dictadura apenas iniciaba, el pueblo estaba muy desorganizado y no era sensible a las proclamas revolucionarias, sin contar que, en cada intento, el ejército intervino rápidamente aislando a los inconformes, suprimiéndolos con la cárcel o con la muerte.[13] No obstante, la figura de Heraclio sirve para clarificar la inextricable relación entre el bandolerismo y la lucha revolucionaria en el norte de México.

Según Gastelum, entre 1875 y 1877, Bernal formó una partida de cinco hombres y asaltó el mineral de San Vicente, robando a la negociación armas y dinero. Pasados los primeros momentos de este hecho, los propietarios del negocio, unidos con la autoridad y algunos vecinos, destacaron una fuerza en persecución de la gavilla: lograron darle alcance, y en el combate que tuvo lugar, Bernal, luchando casi cuerpo a cuerpo con sus perseguidores, cayó prisionero. Se condujo al indómito bandolero a Mazatlán y se le encerró en un calabozo del cuartel de artillería,[14] donde pasó un tiempo a la sombra. Sin embargo, poco después de obtener la libertad, el incansable Bernal se unió a las fuerzas de Jesús

---

[13] Esta historia se repitió una y otra vez hasta el año de 1910 en que la dictadura ya no pudo contener la inconformidad. En la historia de Chihuahua quedaron registrados varios movimientos de este tipo, desde 1880 hasta 1910.

[14] Gastélum, Ignacio, *Apuntes biográficos de Heraclio Bernal. Historia de sus principales hechos vandálicos*, Culiacán, 1888: "Durante todo este período de reorganización de las estructuras represivas, Heraclio Bernal desaparece. Según Gastélum está enfermo y refugiado en el poblado de El Maguey, Dgo."

Ramírez Terrón, exgobernador de Sinaloa y militar desertor del ejército porfirista.[15]

El 25 de octubre de 1879, Ramírez Terrón se rebeló contra el gobierno. Al frente de una fuerza de apenas 25 hombres, Ramírez asaltó el cuartel de Mazatlán al grito de: "Viva la libertad de los hombres; arriba el pueblo". Pese a su comprometido arrojo con la causa popular, después de unas pocas horas de combate, Ramírez Terrón fue derrotado. Su fracaso dejó varios muertos y heridos en el terreno. En los bolsillos de uno de los caídos se encontró el texto manuscrito de una proclama que no llegó a publicarse.

El 30 de octubre atacó la pequeña ciudad de El Rosario, pero allí también se vio obligado a dispersar sus hombres, aunque tuvo tiempo de apoderarse de la cárcel y liberar a los prisioneros para incorporarlos a sus filas. Poco después, el 2 de noviembre de 1879, Terrón proclamó en Cosalá un plan, en catorce artículos, destinado a derrocar al gobierno de Díaz. Al poco tiempo, asaltó una conducta de Zacatecas a Mazatlán, donde se dijo que obtuvo un botín de 34 000 pesos en oro y plata.

[15] Jesús Ramírez Terrón fue un militar que en 1876 se unió en Sinaloa al Plan de Tuxtepec, pero dos años después, decepcionado, se puso al frente de un movimiento contra Porfirio Díaz.

De su biografía no pude obtener información en las fuentes documentales de Sinaloa. El historiador Eustaquio Buelna, en sus *Apuntes para la historia de Sinaloa*, registra que era Prefecto y comandante militar de Culiacán cuando el 25 de noviembre de 1876 se levantó en armas, apoyando el Plan de Tuxtepec y Palo Blanco, por medio del cual se le daba reconocimiento a Porfirio Díaz y se desconocía al presidente Sebastián Lerdo de Tejada. Agrega que el 5 de diciembre combatió contra las fuerzas del coronel Cristerna, ocupando la plaza de Cosalá. El 15 de enero de 1877 entró con sus fuerzas a Mazatlán, haciéndose cargo del gobierno y comandancia general del estado; sin embargo, cuando se convocaron las elecciones, se lo impidieron con el argumento de que no podía participar porque la Constitución del estado se lo impedía por ser militar.

El 30 de noviembre, Ramírez Terrón abandona el estado de Sinaloa, refugiándose en las montañas de Durango, de donde se pasa a Zacatecas y luego a territorio de Tepic, como solía suceder con los bandoleros en aquellos tiempos: a menudo vivían a salto de mata.

Mientras tanto, en la región de Elota y San Ignacio, un discípulo de Ramírez Terrón comenzaba a forjarse un nombre por cuenta propia: ahí, Heraclio Bernal había formado una guerrilla en la que participó directamente, aunque solo en pocos momentos lo hizo junto a su mentor, Ramírez Terrón.

El 24 de diciembre, Heraclio asaltó el poblado de Tacuichamona, en el distrito de Concordia. Allí se apoderó de dinero, armas y caballos. Posteriormente, se le ubicó en Cogota, Laguna de Santa Rosa, Agua Nueva, Piaxtla y El Limón. El bandolero comenzaba a labrar su reputación.

En los primeros días de febrero de 1880, casi todas las gavillas de Ramírez Terrón habían sido dispersadas. De alguna forma, parecía que su movimiento revolucionario se había apagado. No obstante, la rebelión no estaba muerta: sin previo aviso, el 10 de julio atacó Rosario. Poco después se dirigió de Concordia a Cosalá y prosiguió su marcha hacia Pánuco y San Ignacio. En San Juan se le reunió Heraclio Bernal y el 26 de julio de 1880 atacaron, juntos, el cuartel de Mazatlán, logrando en esta ocasión su propósito. Se asegura que en ese combate, Bernal fue herido en una pierna.

Esta vez la reacción del ejército federal fue rápida y masiva. Súbitamente, más de mil soldados porfiristas perseguían a los bandidos insurrectos. Los porfiristas llegaron a reforzar a los soldados federales del coronel Reyes, con la misión de reestablecer rápidamente el orden en el estado.

A finales de agosto, el movimiento insurreccional ganó partidarios en Zacatecas. El comandante de escuadrón, Benito A.

Casas, se levantó a la cabeza de un grupo armado y proclamó el 24 de agosto, en El Fresnillo, el Plan de Cosalá. Casi al mismo tiempo, Ramírez Terrón fue sorprendido y derrotado en Atoyac. La persecución fue intensa y provocó que sus tropas, ya divididas y diezmadas, se replegaran hacia la sierra de Durango. El 9 de septiembre de 1880, el comandante de las tropas federales del sector envió un telegrama al secretario de la Defensa, informándole que tenía conocimiento de que Ramírez Terrón había desertado antes de llegar a Guipaya y que le había dejado el mando de las tropas a Heraclio Bernal.

En los días siguientes las fuerzas de Bernal atacaron San Javier. Tras el ataque, los soldados se cernieron sobre Elota, una pequeña ciudad sobre la carretera que va de Mazatlán a Culiacán. Ahí, el contingente destrozó las instalaciones del telégrafo, además de robar armas y dinero. Sin embargo, y pese a todos estos esfuerzos, Ramírez Terrón no logró romper el cerco. El 17 de septiembre fueron aprehendidos en Tamazula, Durango, José María Bazán y Carlos Montaño, dos de sus principales colaboradores, y finalmente el 22 de septiembre, el mismo Ramírez Terrón —aquel héroe frustrado, el bandolero revolucionario que, de cierta forma, inspiró al mismo Bernal— fue alcanzado en El Salto, cerca de Mazatlán. Se refugió en un ranchito donde fue cercado por un fuerte contingente de militares porfiristas y murió tras un intenso combate. Esta derrota dejó la insurrección a la deriva: aunque Bernal pudo haber tomado la dirección del movimiento, y había aprendido mucho de Ramírez Terrón, no era suficiente, y el mismo bandolero optó por refugiarse en El Maguey, pueblo ubicado en la sierra de Durango, casi en los límites con el estado de Sinaloa.[16]

[16] Gastélum, Ignacio, *Apuntes biográficos de Heraclio Bernal. Historia de sus principales hechos vandálicos*, Culiacán, 1888.

No se sabe cuánto tiempo permaneció en El Maguey, pero se asegura que estuvo viviendo en la casa de la familia Parra. En los dos años siguientes no se reportaron acciones guerrilleras en la zona donde él había incursionado, y es probable que haya decidido replegarse todo ese tiempo. Sin embargo, tres años después de la muerte de Ramírez Terrón, y cuando ya nadie lo esperaba, el nombre de Heraclio Bernal volvió a dejarse oír.

Era el 16 de octubre de 1883, alrededor de las diez de la noche. Sigiloso, y acompañado de más de veinte guerrilleros, Bernal tomó por asalto El Maguey. Ahí, él y sus hombres sometieron a todos los vecinos, confiscándoles las armas y el poco dinero que encontraron en las casas de los más acaudalados.[17]

En los documentos judiciales que se cruzaron en esos días, el asalto quedó registrado como un acto de bandidos. De hecho, en todo momento ese fue el trato que se dio a los que participaron en la misión. Sin embargo, y acaso sin quererlo, la misma información oficial permite inferir que, en realidad, el asalto se trató de una acción revolucionaria contra el régimen porfirista.

Las autoridades de Durango comisionaron al teniente de gendarmes, Laureano González, para que persiguiera y aprehendiera a los llamados "bandoleros". En el archivo histórico de Durango quedaron varios documentos, y con base en esa fuente se puede reconstruir parcialmente cómo se llevó a cabo la campaña, demostrándose, entre otras cosas, que los dominios de Bernal se extendían hacia el norte de Canatlán, hasta el municipio de San Juan del Río.

En uno de los comunicados que Laureano González dirigió a la capital del estado, el 24 de octubre de 1883, informó que había buscado a los bandidos por varios puntos de la sierra, y que

---

[17] Comunicado del 21 de octubre de 1883, firmado por el jefe de cuartel de El Maguey, dirigido al jefe municipal de Canatlán. Citado por Jiménez y Ortiz, en *Ignacio Parra, bandido legendario*.

una de las pistas indicaba que se habían dirigido hacia "Los Sauces" del Partido San Juan del Río, Durango, donde Bernal tenía varios amigos que lo acompañaban en sus robos. Al final, escribió la lista de los integrantes de la banda y estos fueron los nombres: Heraclio Bernal, Vicente Bernal, Antonio Bernal, Cirilo Parra, Manuel Parra, Agustín Parra, Ignacio Parra, Atanasio Parra, Pánfilo Esparza, Salvador Salas, Pedro Hernández, Teodoro Romero, Gumersindo Romero, José Zazueta, Blas Rodríguez, Florencio Carrillo, Miguel Gandarilla, Ricardo N., alias "el Marranero" y otros no identificados.[18]

Esta es quizá la primera ocasión en que se registra en un documento judicial el nombre de Ignacio Parra, quien a la vuelta de unos años habría de convertirse en el sucesor de Heraclio Bernal[19] y, a su vez, en el tutor del joven Doroteo Arango.

En otro comunicado del 5 de noviembre de 1883, González le informó a Nicolás Saracho, jefe político de Canatlán, que el día anterior, entre doce y una de la tarde, se había encontrado con la cuadrilla de Bernal y Parra en la cumbre del Cerro del Oso y que en ese combate había sido herido Heraclio Bernal y muerto su hermano Antonio. Agrega que al final del combate se había logrado capturar a Cirilo Parra, hermano de Ignacio, decomisándole varias pertenencias, las cuales se habían remitido a Durango.[20]

---

[18] Este documento aparece en el libro *Ignacio Parra, bandido legendario*, de Gilberto Jiménez Carrillo y José Teodoro Ortiz Parra. Es muy interesante porque demuestra que la banda de Bernal era casi familiar, puesto que la mayoría de los integrantes eran de la familia de Bernal (cuatro), incluyendo al tío José Zazueta el *Zordo* y la familia de los Parra (cinco).

[19] Ignacio Parra tenía entonces diecinueve años, pues según el acta del registro civil había nacido el primero de enero de 1864 en la Cañada, pueblito inmediato a la cabecera del municipio de Canatlán, hijo de Romualdo Parra y María Fernanda Macías, padres de otros diez hermanos.

[20] Comunicado del 5 de noviembre de 1883 citado en el libro de Jiménez y Ortiz. Es interesante señalar que entre las pertenencias de Cirilo se encon-

Seis días después, el once de noviembre del mismo año, González envió otro reporte a Saracho. Ahora le proporcionaba datos adicionales: la banda era de veinte salteadores, decía; algunos eran de Durango y la mayoría se habían dispersado refugiándose algunos en San Juan del Río. Heraclio Bernal, le informó también, había muerto.

A Bernal se le persiguió como si se tratara de un simple bandolero. Se le adjudicaron diversas tropelías, asaltos que solo tenían el sustento que las autoridades, o algunos vecinos alarmados, le atribuían. Como es bien sabido, en esos casos las autoridades no servían como fuentes del todo fidedignas, menos cuando acostumbraban sembrar pruebas y acusar falsamente con fines económicos y políticos.

Uno de estos casos aleatoriamente atribuidos a Bernal sucedió el 8 de noviembre de 1885, en las inmediaciones del rancho de San Bartolo, a cuatro leguas distante del Partido de Topia. Ahí fue asesinado Vicente López, jefe político interino de este partido. Algunos vecinos se dirigieron a la autoridad, alarmados por el crimen, enalteciendo las cualidades del citado jefe político, de quien señalaban que, con solo dos meses en el cargo, había logrado organizar la administración pública con el mayor celo, "a pesar de las difíciles circunstancias en que se encontraban todos los pueblos de ese Partido, amenazados a cada instante de ser invadidos por las gavillas de Eraclio Bernal". Los vecinos no tenían ninguna base sólida o prueba alguna que vinculara el crimen con el nombre de Heraclio Bernal, pero esa era la forma en que se procedía cuando se trataba de llamar la atención. Movi-

---

traron unas alforjas de pelo negras, un pantalón de casimir gris cuarteado con gamuza negra y un par de botines del mismo color, así también un rifle Winchester ochavado, un fusil recortado, dos sillas de montar y un fierro de herrar.

das por la alarma colectiva, aunque falsa, aunada a los posibles intereses propios que pudieran estar en juego, las autoridades asumían que se tenía que perseguir con más efectividad al bandolero señalado.[21]

En los dos años siguientes, 1886-1887, las autoridades de Durango y Sinaloa persiguieron, cada cual por su cuenta, a la "banda de Bernal" sin obtener resultados. No fue sino hasta a mediados de 1887 que el gobernador de Durango, Ángel Flores, tomó la iniciativa llamando a Octaviano Meraz para que se hiciera cargo de la persecución y contratando cincuenta hombres "bien armados para perseguir a los bandidos en todas sus guaridas". Enseguida se comunicó con el gobernador de Sinaloa proponiéndole que entre los dos gobiernos se hicieran cargo de la persecución y de los gastos que tuvieran que hacerse. De acuerdo a los comunicados que se cruzaron en los meses siguientes, se deja ver que el gobernador de Sinaloa, Francisco Cañedo, no tenía la mejor disposición para contribuir en la captura de Bernal.

Campaña y muerte de Bernal

El contrato con Octaviano Meraz se realizó a principios de octubre de 1887, y él mismo seleccionó a cincuenta hombres de la sierra Gavilanes y del Maguey, a quienes conocía de campañas anteriores; hombres curtidos en la serranía y experimentados en el manejo de las armas, acaso paradójicamente parecidos a

---

[21] El remitido se firmó en Topia, el 10 de noviembre de 1885, por Encarnación Quiñones, Rafael Zazueta, Esteban G. Calderón, Antonio Navar y Sánchez, A. Chavira, Fernando del Moral, Manuel Rubio, Manuel C. Rico, Domingo Flores, Manuel Almeida, Luis Anitúa, S. Blanco, Teófilo Herrera, Victorio Zavala, Ricardo Chaides, Martín Chapital y Francisco Rodríguez.

los mismos que perseguían. Con ellos, y con todo el apoyo del gobierno del estado de Durango, Meraz emprendió la aguerrida persecución contra la gavilla de Bernal. Desde la capital de Durango dirigió la campaña uno de los hombres más cercanos al gobernador, el general José María Flores, jefe de la policía del estado, quien sostuvo comunicación constante con Meraz y con las autoridades de los municipios relacionados, a quienes reiteradamente giraba instrucciones para que apoyaran a Meraz y a su gente en todo lo necesario.

El 20 de octubre en la noche, la banda de Bernal fue sorprendida en uno de sus escondites, logrando evadirse en el último momento usando la intensa lluvia como manto protector; sin embargo, en la huida perdieron algunas armas y víveres. Uno de los bandoleros no alcanzó a escapar porque le mataron su caballo. Según el informe que rindió Meraz, éste tenía en su poder una cartera con documentos muy importantes. Tras ser interrogado, el individuo ofreció llevar a las fuerzas del orden a otro campamento de bandidos.

En los días siguientes se cruzaron varios comunicados en los que se lamentaba que no se hubiera aprehendido a Bernal y su banda. Octaviano Meraz culpaba a un coronel de apellido Ibarra, a quien se le había ordenado que acudiera a un punto para cortar la retirada de los bandidos y no obedeció la orden.

El 4 de noviembre de 1887, Meraz comunicó al jefe de la policía del estado de Durango, J.M. Flores, que había detenido a la querida de Bernal. Lamentó que en la refriega hubiera muerto uno de sus hombres, mientras que otro había resultado herido, y le solicitó de urgencia diez rifles y dos mil cartuchos.

Flores contestó que estaba muy satisfecho por los buenos resultados de la campaña; le adelantó a Meraz que al herido se le otorgaría una recompensa, que a la viuda del muerto se le ayudaría con una pensión y que lo mismo se haría en los demás casos; adicionalmente, le confirmó que las armas y parque se le depositarían en un rancho para que los recogiera. Le informó también que el gobierno del estado de Durango había decidido otorgarle a él una recompensa cuando concluyera la campaña, porque estaba seguro de que muy pronto lograría atrapar a Bernal.

Por esos mismos días se publicó en el Periódico Oficial del gobierno del estado de Sinaloa el anuncio de una gratificación de diez mil pesos a quien capturara a Heraclio Bernal. De inmediato, el gobernador de Durango respondió que también aportaría una cantidad igual. La cabeza del bandolero se cotizaba ya en veinte mil pesos.

El 19 de noviembre, J.M. Flores envió al rancho de Los Arenales una extensa carta a Meraz, en la que responde algunas de sus peticiones y le informa sobre la situación de la campaña desde el estado de Durango. Este documento es interesante, porque aporta datos más o menos precisos de lo que se pagaba a Meraz y a los demás integrantes de su grupo.

Flores le informa a Meraz que le ha enviado los mil pesos que se le debían, y le recuerda que haga lista de los gastos pendientes para remitirlos al señor presidente, el general Porfirio Díaz, ya que se había convenido que los gastos de la guerrilla serían pagados a partes iguales entre la federación y el gobierno del estado. Le informa que, de acuerdo con el señor presidente, se había convenido pagarle a él doscientos pesos mensuales; al oficial, sesenta pesos mensuales; a cada uno de los guerrilleros de caballería, diez reales diarios (un peso veinticinco centavos), teniendo que pagar ellos la pastura de sus caballos, y a los de a pie, un peso diario.

También ordena Flores a Meraz que permanezca con sus guerrilleros cerrando el paso y registrando las quebradas de Banderas, el Dorado, Corral y Del Salto, por donde los bandidos mataron a los Rojas.

Finalmente, Flores notifica a Meraz que le ha enviado mil cartuchos, y que le mandará todos los que necesite.[22]

La campaña de 1887 contra Bernal la encabezó y dirigió el gobernador del estado de Durango. El gobernador Cañedo, de Sinaloa, no estaba muy interesado: solo dejaba hacer o, de plano, se hacía el desentendido. A partir del mes de noviembre es evidente el interés y la intervención del gobierno federal por la captura de Bernal, particularmente del Ministro de Guerra y Marina, el general Pedro Hinojosa. El asunto llegó incluso a interesar al mismísimo Porfirio Díaz.

El 20 de noviembre, J.M. Flores envió al Ministro de Guerra un oficio en el que le resaltaba los éxitos que había logrado Octaviano Meraz en su campaña contra Bernal. Este documento refleja las dificultades que estaba afrontando Bernal para evadir la persecución, moviéndose en una extensa región de la sierra de Durango y llegando hasta los límites del estado de Zacatecas; lo más importante de este informe, sin embargo, es la observación que hace Flores, jefe de la policía de Durango, en el sentido de que es mucha la gente de la sierra que ayuda y protege espontáneamente a Bernal, hasta con comida y medicinas. Una vez más: el supuesto bandolero como héroe popular.

El 22 de noviembre, el mismo Flores le envía un obsequio al gobernador de Sinaloa, Francisco Cañedo. El encargado de llevarlo es Ramón Espinoza, vecino del mineral de Topia: una docena de botes hojadelata con dulce de corsadello y duraznos conservados además de doce cajas de cajeta de membrillo y cincuenta peras prensadas, que había elaborado Angelita, la esposa de Flores, para la esposa del gobernador Cañedo.

---

[22] Archivo Histórico del Estado de Durango. Comunicación gobernador.

Junto a estos obsequios, Flores preguntó a Cañedo si se había enterado de los últimos acontecimientos de la campaña contra Bernal y su gavilla. Al respecto le dijo que habían sido aprehendidos Urbano Nevárez, famoso bandido que se había escapado cuando se detuvo a la querida de Bernal, y Gavino Ramírez, a quien se le había indultado para luego volver a reunirse con los bandidos. También le informó que se había aprehendido al arriero Trinidad Melero, que llevaba víveres a la gavilla de Bernal. Que se habían escapado Fernando Bernal y Cruz Jaime, dejando a María de José y Lucha Númez, muchachas de San Pedro, a quienes se habían robado dichos bandidos. La lucha contra Bernal —esa lucha que nacía no solo por un deseo de orden, sino por un afán de silenciar a la disidencia— avanza ominosamente, sin que el perseguido supiera los detalles, y estos documentos permiten ir rastreando la historia completa.

Por último, Flores le recomendó que girara órdenes para que en Tamazula se persiguiera a una gavilla de dispersos y a los demás que se aparecieran por esos rumbos.

El 29 de noviembre, Flores le notifica a Meraz que el general Lorenzo García ha llegado para hacerse cargo del mando de las fuerzas que expedicionan contra el bandido Bernal, sustituyendo al general Salmón, y le instruye para que se reúnan en Guadalupe de los Reyes.

Ese mismo día, Flores se comunica con Ramón Castro, jefe político del partido de San Dimas, preguntando si ya se han hecho circular los ejemplares que mandó el gobierno de Sinaloa con la oferta de $10,000 por la captura de Bernal. El 19 de diciembre, Flores le comunica a Meraz que se suma el teniente coronel Germán Castillo con el 13° Regimiento, para participar en la persecución de los bandidos en la línea que se le designe y le recomienda especialmente que le preste todo su auxilio.

El último de los comunicados de la serie sobre la campaña contra Bernal tiene fecha del 1 de enero de 1888. Para entonces, la lucha contra un solo hombre y su reducida tropa se acercaba ya a cumplir dos años. El comunicado está dirigido al gobernador de Sinaloa, el general Francisco Cañedo, y está firmado por J.M. Flores. Es un documento triunfalista: en él se asume que la persecución y cerco en contra de Bernal estaba a punto de concluir.

Durante el intercambio de comunicados entre las autoridades de Durango y Sinaloa, es notorio el mayor esfuerzo que le dedica el gobernador de Durango a la persecución de Bernal. Al mismo tiempo, es evidente el sarcasmo y la burla que el jefe de la policía de Durango, J.M. Flores, expresa en sus cartas hacia el gobernador de Sinaloa, sobre todo en los momentos en que la captura de Bernal es contemplada como un hecho inminente. Así se puede ver en esta carta donde Flores le informa al gobernador de Sinaloa, Cañedo, que le han llegado al gobernador de Durango unas carabinas que compró en Nueva York. Flores apunta, socarrón, que no se parecen a las carabinas del gobernador de Sinaloa, que son como la espada de Santa Catalina y le aconseja que guarde las municiones para cuando se le ofrezca salir a perseguir venados. Le agradece que haya prestado a los vecinos de Chacala y Tamazula 15 carabinas, y le adelanta que, si se le llegara a extraviar alguna, que no se preocupe: el gobierno de Durango, dice, tiene fondos suficientes para reponerla.

En el mismo tono, se disculpa por no haber enviado el caballo que le había prometido y le asegura que se le hará llegar cuanto antes porque comprende lo ansioso que estará de montar un buen caballo, como los que monta el gobernador de Durango, y remata:

[...] no hay más que tenga un poco de paciencia para que la realidad de su ilusión sea completa. Si usted lo decide puede venir a escoger el caballo que le guste de los ocho que tiene en caballeriza el gobernador de Durango.[23]

Este mensaje, como se puede constatar, es altanero y provocativo. Refleja la postura del gobierno de Durango, que no estuvo de acuerdo con el escaso interés que le había dedicado el de Sinaloa para acabar definitivamente con la banda de Bernal y, en venganza, le hace objeto de la burla y el escarnio.

Cinco días después, la noche del 6 de enero de 1888, el gobernador de Durango recibió un mensaje en el que se le informaba que el día 4, poco antes de las once de la noche, se presentaron Crispín García, vecino de Rancho Viejo, y su tío, Jorge Ayon, ante el teniente del V Regimiento, Enrique Fernández, informándole que en el cerro El Pelón, inmediato a Rancho Viejo, se encontraba el cabecilla, Heraclio Bernal, con seis de su gavilla. Ellos mismos le propusieron enfrentar a los bandidos por su cuenta. El militar, contemplando la oportunidad de finalmente capturar a tan odiado rival, dispuso que se les dotara de armas y parque a dieciocho vecinos. Con este grupo salieron Crispín y su tío a las once de la noche a dar caza al supuesto bandolero.

El teniente Fernández salió en la madrugada con doce de sus soldados, por el punto de las Milpas en combinación con García y Ayon. También se sumaron vecinos de San Antonio del Cerro a las órdenes de Eusebio Pompa, junto a otra fuerza al mando de Nieves Herrera. Todos se dirigieron hacia el cerro El Pelón. Alrededor de las siete de la mañana del día 5, las fuerzas de García y Ayon atacaron.

[23] Ídem.

Según el informe, fue Crispín García quien enfrentó cuerpo a cuerpo a Bernal: el bandolero recibió un primer balazo en una pierna, un segundo en el pecho y uno más, el final, el encargado de sellar su destino, en la frente.

Después del combate, continúa el informe, se aprehendió a Luisa García, la amante de Bernal, y al bandido Ángel Navarro, a quien por supuesto se le ejecutó en el camino, cuando supuestamente intentaba huir; es bien sabido que, por entonces, la fuga de un prisionero y su posterior ejecución —con tiros por la espalda— eran uno de los pretextos favoritos del gobierno federal a la hora de justificar la muerte de indeseables. El cuerpo de Heraclio Bernal se llevó a la plaza pública de Cosalá, donde se puso en exhibición.[24]

Esta fue la versión oficial de la muerte de Heraclio Bernal, el enemigo de Porfirio Díaz. Tal y como se había sostenido en todas las notas e informes, la noticia de la muerte de Bernal se difundió como la muerte de un simple bandido: un hombre sin causa y sin ideales.[25]

El sábado 7 de enero de 1888, el Periódico Oficial del estado de Durango publicó un alcance por medio del cual se informaba a la población de la muerte de Heraclio Bernal. La noticia apareció bajo un simple encabezado que decía:

El que fue Eraclio Bernal

Ayer en las primeras horas de la mañana nos trajo el telégrafo la buena nueva de que el que en vida fue Eraclio Bernal, el que se

---

[24] La más conocida foto de Bernal es la que se le tomó cuando ya estaba muerto.

[25] En los despachos enviados el 6 de enero a J.M. Flores por el general García, éste le adjudica el "mérito" a los soldados del V Regimiento y VI Batallón del ejército y a los voluntarios de Durango y Sinaloa, no se menciona a Octaviano Meraz y su gavilla.

decía rey de las sierras de Sinaloa y Durango, el azote de la gente trabajadora, el constante amago de las vidas e intereses de los habitantes de aquellas sierras, dejó de existir el día cinco del presente en el cerro llamado "El Pelón", como verán nuestros lectores por los telegramas que en seguida trascribimos para su conocimiento.

No han sido pues estériles los sacrificios hechos por el gobierno de la Unión, por el de este estado y el de Sinaloa, y por los particulares vecinos de ambos estados. En cambio, la muerte del bandido Bernal producirá la tranquilidad en todos los pueblos que estaban siendo víctimas de sus constantes depredaciones; las grandes negociaciones mineras al amparo de la paz rendirán abundantemente sus ricos productos y las pequeñas negociaciones, podrán continuar sus labores, que son tan benéficas, principalmente para las clases más desheredadas de la fortuna. Debemos pues esperar confiadamente que, restablecida la calma que por largo tiempo había sido interrumpida, renacerá una nueva era de prosperidad para aquellos desgraciados pueblos que más han sufrido con los ataques de Bernal; pues que, muchos brazos y muchos capitales que pertenecían inactivos, dedicados ahora al trabajo, fuente segura de todo progreso, sabrán arrancar del seno de la tierra los ricos metales que ella atesora para los que los buscan con verdadero empeño.

[...] felicitamos con todo el corazón, y declaramos que se han hecho objeto de nuestra gratitud y reconocimiento a los CC. Crispín García y Jorge Ayon, vecinos del Rancho Viejo, de este estado, que tanto han contribuido a la realización del acontecimiento que todos celebramos.

La Redacción.[26]

Sin embargo, y pese a la abundante información oficialista que afirma que el bandolero Bernal fue ejecutado en una heroica

---

[26] Periódico Oficial del Estado de Durango, 7 de enero de 1888.

maniobra militar del gobierno, hay otra versión sobre la muerte de Bernal en el sentido de que no murió en combate, sino por enfermedad. Esta versión, por lo general, no tendría mayor importancia: los dimes y diretes en torno a los bandoleros y caudillos eran, y son aún, abundantes, y buena parte de ellos apenas si son habladurías glorificadas. No obstante, en este caso algo llama la atención: uno de los que sostuvo la versión de la muerte de Bernal por enfermedad fue nada menos que el nieto del mismísimo Octaviano Meraz. Naturalmente, es imposible comprobar esto, al menos con la información que se dispone, y la supuesta supervivencia de Heraclio Bernal se quedará, tan solo, como eso: una suposición.

Tras la muerte de Bernal, el gobierno emprendió la batida contra quienes estaban identificados como cómplices suyos y que actuaban desde sus rancherías o pueblos. Éste fue el caso de los hermanos Nazario y Melquiades Ramírez, de La Rinconada, a quienes el jefe de la policía de Durango ordenó, el 10 de enero de 1888, confiscar su propiedad "para auxiliar en algo" los fuertes gastos originados por la persecución.

Ese mismo día, Flores informó al gobernador de Sinaloa, el general Francisco Cañedo, del envío a Mazatlán de los cinco mil pesos para el pago de la prima ofrecida a los que capturaron a Bernal. Explícitamente, en ninguno de los documentos se acusó al gobernador de Sinaloa de proteger a Bernal o de que fuera intencionado su desinterés por participar en la campaña; sin embargo, en esta carta del 10 de enero, Flores "lo felicita mucho por la muerte de su estimado amigo Bernal".

Flores le asegura a Cañedo que con la eficaz persecución que se seguirá haciendo, tanto por las fuerzas federales como por las de los dos estados y por los mismos rancheros, se lograría muy pronto la destrucción completa de los restos de la gavilla de

Bernal; y remata en el mismo tono sarcástico que ya le conocemos por anteriores cartas: "Yo lo deseo mucho, principalmente por usted, para que duerma a sus anchas y se desquite de las muchas desveladas que ha llevado."

La campaña después de la muerte de Bernal

Tras la muerte de Bernal, continuó la campaña contra los "bandidos". Estaban decididos a eliminar hasta el último cómplice: no dejaba de inquietarles la enorme popularidad y fama que el bandolero había adquirido entre los habitantes de la sierra de Sinaloa y Durango, y temían que resurgiera un nuevo movimiento encabezado por alguno de sus compañeros.

El general José María Flores, jefe de la policía del estado de Durango, hombre de todas las confianzas del gobernador, había sido el encargado de dirigir la campaña contra Bernal, y fue también responsable de continuar la persecución durante los meses siguientes, comunicándose, cada vez que era necesario, con los jefes militares comisionados por el gobierno federal y con los demás jefes encargados de perseguir a los "bandidos" dispersos.

En los expedientes del archivo histórico del estado de Durango revisé varios documentos en los que se informa de los movimientos de las diferentes acciones, así como de la detención y ejecución por la "ley fuga" de algunos supuestos bandoleros. Son muchos mensajes, la mayoría enviados por el general José María Flores de enero del año 1888 al 9 de enero de 1889. Seleccioné algunos que envió al gobernador a continuación.

El 28 de enero de 1888, Flores escribió al general Ángel Martínez, jefe de la primera zona militar de Sinaloa, que después de la muerte del "cabecilla Eraclio Bernal", el gobierno había decidido concentrar todas las fuerzas federales, con objeto de reorganizarlas para acabar definitivamente con los restos de las gavillas de bandidos del estado de Durango y del vecino estado de Sinaloa.

El 8 de febrero de 1888 escribió al general Ignacio Ma. Escudero, de la Secretaría de Guerra, informándole que había enviado los gastos de la guerrilla de los gavilanes del señor Octaviano Meraz, que de acuerdo a las indicaciones recibidas, se había reducido a solo veinte guerrilleros y que durante el mes siguiente terminaría de disolverse por completo.

El 10 de abril, también en comunicado dirigido a Octaviano Meraz, le indica que habiéndose exterminado por completo a los bandidos, y que no estando el gobierno en situación de sostener los fuertes desembolsos, ya no era necesario tener en actividad la guerrilla, pero le suplica que esté listo para el caso de que surgiera alguna gavilla.

Para no perder la costumbre, el 1° de mayo 1888, Flores se burla nuevamente del gobernador de Sinaloa, el general Francisco Cañedo, a quien le escribe el siguiente oficio:

Querido amigo y compañero:
Paso a contestar su grata carta de fecha 17 del pasado.

Puede usted dirigirse al coronel Ibarra para que le mande entregar sus fusiles viejos que le prestó a la guerrilla de Camarones, que más valiera no le hubiera hecho tan flaco servicio.

Si usted quiere convencerse de que tengo armamento de repetición, puede venir cuando guste a desengañarse por sus propios ojos [...]

Pacíficamente ha sometido usted a los bandidos Octavio Peña, Feliciano Félix y Arcadio Rosas, no por el tenor del descrédito de su gobierno, puesto que no se lo puede quitar usted ni nadie no habiendo hecho nada absolutamente por la pacificación de la sierra, sino porque no habrá querido usted desembolsar los dos mil pesos que ofreció por cada uno de aquellos bandidos. Si yo no hubiera mandado a Octaviano Meraz a libertar a usted, desde cuándo lo hubiera sustituido Eraclio Bernal. A pesar de su sistema económico ya puede irse preparando para aflojar los $2,000 que ofreció por Cruz y Teodosio Bernal, que le serán presentados de un día a otro.

A esta fecha el caballo que le mandé debe estar en su poder. Tome usted ejemplo para que cumpla lo que ofrece.

Gracias al interés que se ha logrado por mi salud, me encuentro muy aliviado, y deseándole todo género de felicidades me repito como siempre su afectísimo amigo que lo aprecia.

J. M. Flores. Rúbrica.[27]

El primero de junio de 1888, Flores se dirige al presidente de la república para recomendarle al teniente coronel Julián Castillo:

Jefe muy recomendable así por su caballerosidad y honradez, como por los importantes servicios que prestó en la prolongada campaña contra Eraclio Bernal y sus gavillas, pues no se limitó a preguntar estas, sino que moralizó los diferentes pueblos de la sierra, que por horror agradaban a Bernal y haciendo uso de la amplia autorización que le dio el gobierno de mi cargo, dejó organizadas guerrillas que hoy garantizan en toda la sierra la tranquilidad de sus habitantes y la seguridad de sus intereses, a lo cual han contribuido no poco las simpatías que supo capturarse entre todos aquellos pueblos.

El señor Castillo es en mi concepto acreedor a las consideraciones y honores que merecen los jefes dignos del ejército nacional,

[27] Archivo Histórico del Estado de Durango. Correspondencia Gobernadores.

y por lo mismo me permito recomendarlo a usted muy especialmente.

Anticipando a usted mis agradecimientos por lo que tenga a
bien hacer en favor de mi recomendado, quedo como siempre en
espera de las respetables órdenes de usted afectísimo adicto amigo,
subordinado y muy atento seguro servidor".[28]

El mismo día, Flores, quien como puede verse era un ac-
tivo redactor de epístolas, le envió oficio al ministro de Guerra y
Marina, el general de división Pedro Hinojosa, recomendando a
Castillo bajo los mismos argumentos. Poco más de dos semanas
después, el 19 de junio de 1888, Flores se dirige una vez más al
gobernador de Sinaloa Francisco Cañedo, contestando una que
éste la había enviado el 5 del mismo mes, relativa a la aprehensión de los bandidos Andrés y Manuel Sánchez.

En la segunda parte de su carta Flores le trata el asunto de
unas carabinas que el gobernador de Sinaloa había reclamado. El
tono burlón —y un tanto disfrutable— de Flores se vuelve a hacer presente:

Respecto a sus armas viejas, por cuya devolución tanto ha... trabajado la paciencia, le diré a usted que tengo aviso oficial del jefe
político Ibarra en que me comunica que ya mandó entregar al prefecto de Cosalá aquellos vejestorios. Así es que si no han llegado
a su poder llegarán de un día a otro y calmará su ansiedad, pues
con ellas podrá armar algunos jarochos que lo ayuden a sostenerse
en su trono por el poco tiempo que le falta.[29]

Flores concluye diciéndole que por tratarse de él no le escribe

[28] Ídem.
[29] Ídem.

en papel, que eso es para las personas dignas.

El 7 de enero de 1889, Flores le escribe al presidente Porfirio Díaz solicitándole que intervenga para que se paguen al estado de Durango unos caballos que habían comprado para el 6° y 9° del ejército y que la jefatura de hacienda se estaba negando a reembolsar, argumentando que no eran legales.[30]

Así terminó la campaña de exterminio contra Bernal y su banda. Moría "el bandolero", pero nacía el mito del héroe popular que había enfrentado a los esbirros de la dictadura porfirista. No obstante, la banda de Bernal no murió del todo: a la vuelta de algunos años emergió el nombre de Ignacio Parra, que le dio continuidad a su rebeldía y hazañas. Los peones de las haciendas y los troveros de los pueblos, cantaron los corridos que exaltaban la valentía de Bernal y sus proezas. Uno de ellos cantaba así sus loas al héroe caído:

Quinientos mil pesos dieron
por la vida de Bernal,
y el general Ogazón
recogió todo el dinero
y le dijo al coronel:
"disponga su batallón".
El coronel respondió
con susto en el corazón:
"un sitio le formaremos
con el veinte batallón".

---

[30] En el Archivo histórico del estado de Durango se conservan varios documentos de la campaña contra Heraclio Bernal que no fueron incluidos.

Se alistó la artillería
y un pelotón militar,
y se fueron a la sierra
para aprehender a Bernal.
"Muchachos, la japonesa,
miren cómo van viniendo,
que las tropas del gobierno
ya nos están persiguiendo",
les dijo Heraclio Bernal.
Era valiente y osado
y no robaba a los pobres,
antes les daba dinero
y él mismo a todos les decía:
"Yo no ando de robabueyes,
yo tengo plata apilada
en Guadalupe los Reyes."
Heraclio Bernal decía,
en su caballo alazán:
"Con valentía, compañeros,
tomaremos Mazatlán."
¿Qué es aquello que relumbra,
por todo el camino real…?
Son las tropas del gobierno,
que nos vienen a agarrar.
Heraclio Bernal reía
de ver que Porfirio Díaz
para él solo y sus amigos
mandaba la artillería:
A Heraclio Bernal a pié
nunca le falta valor,
aunque de México venga
todo el veinte batallón.

¡Pobre de Heraclio Bernal!,
que apenas le pintaba el bozo,
y las barbas le sobraban
para luchar valeroso.
Heraclio Bernal gritaba
sobre un alto paredón.

PARTE III.

Ignacio Parra Macías

Nació en la Cañada, cerca de Canatlán, el 1 de enero de 1864, catorce años antes que Doroteo Arango. Fue hijo de Romualdo Parra y Fernanda Macías, quienes procrearon diez hijos: Cirilo, Francisco, Matías, Atanasio, José Natividad, Bernarda, Rosaura, Ramona, Manuela e Ignacio. Por testimonio de la maestra Margarita Parra, sobrina nieta de Ignacio, se recuperaron los datos que se transmitieron de generación en generación entre la descendencia de los Parra, y aunque ella no registró las fechas, fue quien conservó con mayor celo la memoria de sus ascendientes.[31]

Los Parra Macías formaban una familia serrana que luchaba por arraigarse en la sierra a base del esfuerzo y el trabajo constante. Romualdo, el padre, era un hombre trabajador y honrado, renuente a meterse en problemas de ningún tipo. Había educado a todos sus hijos con el buen ejemplo. Formaban una familia unida y respetuosa. La dictadura, que reproducía la injusticia en todos los niveles, provocó que hasta aquel lejano rincón de la sierra entre Durango y Sinaloa llegaran la fatalidad y la tragedia. De acuerdo a la información testimonial y a los documentos consultados, se puede sugerir que la familia Parra fue víctima de una maniobra con el objetivo de despojarlos y obligarlos a abandonar

---

[31] Entrevista del autor con Margarita Parra en la ciudad de Durango, el 29 de mayo de 2008.

el lugar de la sierra donde se había formado la familia. De los seis hermanos, solamente Ignacio dejó huella en la historia: el joven rebelde optó por desertar del ejército y luego unirse a una banda que lo hizo famoso. Los demás solo aparecieron fugazmente en los comunicados emitidos por el jefe de la policía rural y después se esfumaron. Es probable que toda la familia haya emigrado a lugares muy distantes de sus tierras originarias.

Bernal y los Parra: lealtad entre los buenos

El señor Romualdo Parra empezó su vida familiar en un predio boscoso conocido como La Guitarra, en plena sierra de Durango. Allí puso unas vacas de ordeña para hacer quesos. Cuando sus hijos crecieron, se dedicaron a cortar leña de encino para hacer carbón y también vigas que llevaban a vender a Canatlán. La familia Parra pasaba los días entre el trabajo duro y la naturaleza. A menudo, la presencia de uno significaba, inevitablemente, la del otro.

Todos los hombres de la familia trabajaban, pero la tierra no daba para la siembra y don Romualdo empezó a buscar un solar para poder sembrar. Al norte del poblado El Maguey, cerca de un rancho conocido como La Maimora, había unas tierras que durante años habían quedado sin trabajarse. Todo indicaba que no tenían dueño. Empezaron a desmontarlas con mucho esfuerzo y como nadie las reclamaba, siguieron arreglándolas para la siembra. Durante algunas temporadas las trabajaron hasta que las dejaron bien preparadas y las sembraron, cosechando maíz y frijol suficiente para la familia. Los Parra comenzaban, poco a poco, a abrirse paso, a dominar la tierra.

El gusto, sin embargo, no les duraría mucho.

Un día, sin que nadie lo previera, Manuel Caravantes, uno de los grandes propietarios de la zona, se presentó en la tierra de los Parra. El terrateniente, en un desplante de arrogancia típico de los de su clase, les exigió alevosamente que le entregaran el terreno: esa tierra, afirmaba, se encontraba en los límites de su propiedad. Romualdo le explicó que tenían tiempo cultivándolas porque pensaba que no tenían dueño. El labrador propuso que llegaran a un arreglo: Caravantes podía ponerle precio al terreno, y Parra le pagaría el importe poco a poco. El cacique, sin embargo, rechazó esta razonable oferta: él tenía otros planes para esa tierra.

En lugar de buscar una solución, el arrogante terrateniente se dirigió con el jefe de la policía rural que era su amigo. Falseando los hechos, Caravantes se quejó de que lo querían despojar, y al mismo tiempo acusó a Romualdo y a sus hijos de tener tratos con Heraclio Bernal, quien para entonces se había levantado de nuevo contra el gobierno de Díaz.

La relación entre Heraclio Bernal y los Parra era casi de familiares. Durante los dos años en que Bernal se refugió en la zona del Maguey, después de la muerte de Ramírez Terrón, estuvo muy cerca de Romualdo y sus hijos. De esa relación estaban enterados los vecinos, que nunca tuvieron problemas por ese motivo; sin embargo, Caravantes aprovechó muy bien el dato para perjudicarlos.[32]

---

[32] En aquellos años, era práctica más o menos frecuente que las autoridades mayores y menores acusaran falsamente a cualquier persona para despojarla de sus pertenencias, y también se recurría a esta maniobra por venganza o por algún pleito inconcluso. ¿Fueron Romualdo Parra y sus hijos víctimas de una maniobra de este tipo? No se puede afirmar categóricamente, pero hay razones para sospecharlo.

El gobierno mandó un grupo de las fuerzas rurales con la orden de aprehender a Romualdo. El jefe de la policía, Laureano González, informó que los Parra lo habían atacado a balazos y que habían salido huyendo del lugar, pero que eran perseguidos muy de cerca. Al pasar el río Santiago, cerca de un lugar llamado Los Escobales, uno de los hermanos menores, de escasos ocho años de edad, recibió un balazo. Este hecho impresionó hondamente a Ignacio, sembrando en su corazón el germen de la venganza y del encono hacia el gobierno.

Después de estos acontecimientos, Romualdo y su familia se refugiaron en la serranía, instalándose en el poblado de La Cañada, esperando que la situación se calmara después de dejarle la tierra al cacique Caravantes. Sin embargo, poco tiempo después, a mediados de 1883, Romualdo iba conduciendo un carro de mulas por el camino. De la nada surgieron unos agentes de la policía y, de acuerdo a la acostumbrado por aquellas fuerzas nefastas, lo asesinaron ahí mismo.

Sin remedio, los Parra habían quedado en el centro de una confabulación de la que no iban a librarse. El pleito de Romualdo con Manuel Caravantes, el supuesto enfrentamiento de estos con la guerrilla de Laureano González, la subsecuente huida de La Maimora, el asesinato del hermano menor y del padre, fueron sucesos que los llevaron a acumular odio e impotencia. Quizá fueran ese odio y esa impotencia el motor de su levantamiento en armas junto a Heraclio Bernal.

El 16 de octubre de 1883, a las diez de la noche, Heraclio Bernal tomó por asalto el poblado de El Maguey. Según las fuentes del gobierno, lo acompañaban veinte guerrilleros. El encargado de perseguirlos fue Laureano González, el mismo jefe judicial responsable de la muerte del padre y del hermano menor de los Parra. Días después, el 24 de octubre, Laureano González informó que entre los integrantes de la banda se encontraban los hermanos Cirilo, Manuel, Agustín, Atanasio e Ignacio Parra. Además de la aseveración de este jefe policiaco, no hay ninguna evidencia de que los hermanos Parra hayan participado en esta acción; sin embargo, se debe tomar por cierta: dadas las condiciones a las que habían sido orillados, lo más natural habría sido responder a tanta injusticia de la que habían sido víctimas.

A partir de ese momento, los Parra quedaron fuera de la ley, imposibilitados para seguir defendiendo sus tierras y sus derechos. El 24 de noviembre del mismo año, el gobernador del estado de Durango, Manuel Flores, ordenó que se embargaran sus pertenencias en el rancho de la Maimora. El 26 de diciembre, Saracho rindió el informe: se había procedido al embargo de los bienes de Agustín, Francisco, Atanacio, Cirilo, Ignacio y José Parra, "los que se han levantado en armas como bandidos, acompañando a la gavilla de Eraclio Bernal".[33]

No se encontraron más datos referentes a la persecución de los hermanos, ni tampoco del destino que tuvo Ignacio Parra. Es probable que él haya seguido un tiempo al lado de Bernal. De los hermanos no se encontró ningún rastro documental. En este punto surge la duda respecto a la causa del nuevo levantamiento de Bernal: él había tenido mucha actividad al lado de Ramírez Terrón, pero a la muerte de éste se había retirado a la región de El Maguey, donde permaneció más de dos años en paz. No obstante, en 1883, y sin ningún suceso que lo anticipara, tomó por las armas el poblado donde se había refugiado y donde todos lo conocían. ¿Respondió este nuevo levantamiento a un acto de solidaridad con los hermanos Parra, a quienes quería como familia?

[33] De Nicolás Saracho, al secretario del despacho del supremo Gobierno del Estado. Diciembre 26 de 1883. AHED. (Este documento incluye todos los comunicados del embargo.)

La guerra de Ignacio Parra

De todos los hermanos Parra, fue Ignacio el que sufrió las consecuencias. Nunca pudo librarse del estigma que lo había marcado casi desde que era un niño. Tres años después del asalto a El Maguey, en noviembre de 1886, se encontraba encarcelado. Su madre, la señora María Fernanda Macías viuda de Parra, acudió al juzgado para solicitar un amparo en favor de su hijo, quien había sido detenido en Capinamaíz, remitido a la cárcel pública de Canatlán y de allí al ejército, de manera arbitraria e ilegal.

En ese momento tenía 22 años y, al igual que muchos jóvenes desamparados, fue forzado a servir contra su voluntad en el ejército porfirista. Pese a todas estas vicisitudes, o quizá precisamente debido a ellas, Ignacio no estaba dispuesto a someterse a la leva, y en la primera oportunidad desertó, convirtiéndose en un fuera de la ley.

En los primeros años después de la deserción, no se encontraron indicios de que actuara como bandolero, y hasta es probable que haya permanecido oculto, trabajando pacíficamente en algún lugar cercano a su familia.

Fue hasta el año 1893 cuando apareció su nombre en los documentos judiciales como jefe de una banda que incursionaba en la región de San Juan del Río y en otros municipios de la sierra del estado de Durango, pero tal pareciera que solo se acompañaba de dos o tres individuos y sus acciones eran esporádicas, no causaban alarma y todavía no desataban una campaña para aprehenderlo.

Al año siguiente, la banda creció. Sumaron hasta diez individuos, entre los que se identificó a Refugio Alvarado, quien contaba con un largo historial delictivo y tenía fama de cruel y sanguinario. En ese año de 1894 también se unió un joven de dieciséis años que muy pronto se ganó el aprecio y las consideraciones de Ignacio, por su juventud y por la facilidad que mostraba para aprender todo lo relacionado con el oficio. El recién llegado se hacía llamar Doroteo Arango, y muchos años después relató su experiencia en la banda de Parra, aportando varias claves que ayudan a comprender mejor todo lo que se ha relatado sobre Ignacio y su familia. Arango también corrobora la fama que tenía Refugio Alvarado como un sujeto cruel y despreciable.

Parra, al igual que Bernal, fue construyendo un sistema de "convivencia pacífica" y hasta de amistad. Al principio algunos hacendados denunciaron a la gente humilde que lo apoyaba. En respuesta Parra les robaba ganado y les causaba innumerables perjuicios, hasta que los convencía que lo más conveniente para ellos era la buena relación. Pero la banda de Parra fue diferente a la de Bernal, porque aquella surgió con una bandera, en el contexto de la lucha contra Porfirio Díaz, mientras que a Parra no lo animó una bandera política: simplemente se hizo bandolero porque no le quedó otro camino y porque era un rebelde natural. Su causa fue contra el sistema injusto que había afectado a toda su familia; que le había asesinado, primero, al hermano menor, y luego, a su padre, todo con el móvil oculto de despojarlos de una tierra que habían preparado con mucho sacrificio.

Ignacio Parra tenía muchos escondites en la sierra. Uno de los más efectivos fue el de "la cueva del tigre", localizada en un sitio de mucha altura a varios kilómetros de Canatlán. La boca tenía aproximadamente diez metros de altura y unos doce de ancho, de tal manera que podían introducirse hasta una docena de jinetes con todo y montura. La ubicación de esta cueva hacía muy difícil que lo sorprendieran, pues con "espejeadas" podía comunicarse con un vigilante ubicado en las goteras de Canatlán, y lo mismo podía hacerse con lumbradas durante la noche.

El historiador duranguense Gilberto Jiménez Carrillo escribió al respecto:

En una ocasión fue a la ciudad de Durango en unión de su primo Vicente Parra, Refugio Alvarado y Doroteo Arango. Llegaron por la noche dejando sus caballos al pie del cerro del Mercado. Caminando por la calle de Teresa, hoy calle Juárez, los encontró el inspector de policía a quien apodaban El Camarón, quien los detuvo por sospechosos, y al estar interrogándolos, Ignacio sacó su pistola y le dio muerte de un balazo, huyendo sin poder ser aprehendido, este hecho se conoció con el nombre de "Asesinato del camarón". El gobierno ofreció la cantidad de $500 pesos por la cabeza de Ignacio Parra.[34]

Después de cinco años de andar a salto de mata, finalmente el nombre de Ignacio Parra había llegado a Palacio Nacional, provocando la intervención del dictador.

El 20 de junio de 1898, el gobernador interino del estado de Durango, Juan Santamarina, recibió un telegrama. Al comenzar a leerlo, descubrió que el presidente Porfirio Díaz en persona le advertía que tenía conocimiento de un bandido, émulo de Heraclio Bernal por sus hazañas y arrojo, y que este bandolero comenzaba con mucho furor a cometer muy graves depredaciones. Si no se le perseguía con la mayor y más tenaz actividad, continuaba Díaz, el ladrón iba a acarrear serias dificultades, por lo que se permitía llamarle toda la atención para que actuara sobre él.[35]

---

[34] Ver más información en *Ignacio Parra, bandido legendario*. Revista mensual de historia, cultura, turismo y algo más, de la Unión de Cronistas Municipales del Estado de Durango, A.C. Año 1. Número 2. Enero de 2007.

[35] En esos días, Juan Santamarina ocupaba temporalmente el cargo de gobernador interino en lugar del gobernador constitucional Leandro Fernández.

Santamarina contestó, presto, el mismo día 20 de junio, asegurándole que la persecución del bandolero ya se encontraba en marcha:

C. Presidente de la República:

Bandido a que usted se refiere, hace años se persigue; últimamente ocho individuos formaban en gavilla; fueron aprehendidos tres a principios del mes y muertos por escolta que los custodiaba al pretender fugarse; el día 13 fueron muertos dos más, uno de ellos, el alma de la gavilla, aunque no el jefe, al encontrarse con el dueño de Santa Lucía en terrenos de la misma hacienda, los bandidos que quedan se persiguen con actividad y se procederá contra ellos con energía. Por correo explicaciones.

Gob. Int. Juan Santamarina.

Después de enviar el telegrama, el mismo gobernador escribió y envió un extenso informe por correo, informando en detalle las acciones que se habían realizado días antes en persecución de los bandoleros.

Primero, le informa que el bandido Ignacio Parra era el mismo que poco después de la muerte del famoso Bernal había aparecido en la municipalidad de Canatlán de ese partido, y que desde entonces se le perseguía constantemente, con mayor o menor intensidad. Su captura había sido, hasta el momento, imposible: siempre se escondía en las sierras inmediatas y andaba acompañado de dos o tres individuos y muchas veces solo, además de que algunos hacendados se hacían los disimulados y no daban aviso oportuno a las autoridades cuando pasaban los bandidos por sus propiedades, lo que naturalmente había retardado mucho tiempo su completo exterminio.

Santamarina le hace notar que la gavilla se había hecho más peligrosa en los últimos años, desde que se había juntado un bandido llamado Refugio Alvarado. Le señala que de ninguna manera tenía esa gavilla la importancia que había tenido la de Bernal, que seguramente la información le había llegado algo exagerada, quizá debido al reciente asalto de unas carretas en el Cerro Pelón cerca del rancho de la Soledad. Enseguida le informa que ese asalto había tenido lugar el 20 de mayo y que Parra no había participado con los ocho bandidos capitaneados por Refugio Alvarado. Lamenta informarle que había sido muerto el mayordomo de las carretas y heridos otros dos carreteros, y que la pérdida de efectos robados no había ascendido a los cuatrocientos pesos.

Para tranquilizar al dictador y demostrarle que su gobierno estaba actuando con eficacia, le reitera lo que ya le había informado en el telegrama: que inmediatamente después que las autoridades habían tenido conocimiento del lamentable suceso, habían salido en persecución de los asaltantes, lográndose la captura de tres de ellos, que aunque no confesaron su delito, hubo suficientes pruebas para considerarlos como autores del referido asalto, y al conducirlos a la Soledad para un careo con los heridos asaltados, fueron muertos por la escolta al pretender fugarse. Otros tres individuos que esperaban los objetos robados para llevárselos en burros, también habían sido aprehendidos y consignados al servicio de las armas, remitiéndoseles al jefe de la Zona de Chihuahua.

Luego, Santamarina pasa a informarle de otro suceso que había tenido lugar el día 13 junio: el señor Felipe López, dueño de la hacienda de Santa Lucía, se había encontrado accidentalmente en terrenos de la referida hacienda, con unos bandidos que le hicieron fuego a él y a tres mozos que lo acompañaban, que inmediatamente repelieron el ataque haciendo huir a tres de los bandidos y matando a dos que no habían logrado huir porque se habían quedado sin caballos. Estos dos eran Refugio Alvarado, alma de la gavilla de Parra, y Federico Arreola. Y agrega en este punto que desgraciadamente había muerto uno de los mozos y otro había quedado herido, por lo que a la familia del muerto se le habían entregado quinientos pesos por cuenta del gobierno; al mozo herido, trescientos; y doscientos más al que había salido ileso, esto basado en una recompensa publicada hacía tiempo, donde se ofrecían dos mil pesos por la captura de Ignacio Parra y mil por la de Refugio Alvarado. Tras la identificación del cadáver de Alvarado, se decidió repartir la recompensa entre los mozos que habían ayudado y la viuda del que había perecido.

Por último, Santamarina promete al presidente Díaz que muy pronto se logrará la captura de Parra, más cuando con la muerte de Refugio Alvarado la gavilla había sufrido un fuerte golpe y que para eso se tenía organizada una guerrilla de gente escogida y bien pagada, conocedora de Parra, de sus guaridas y los pocos bandidos que le quedaban. Las fuerzas porfiristas se cernían ya sobre Ignacio Parra, ese insurrecto bandolero.

Persecución y muerte de Ignacio Parra[36]

El 24 de junio de 1898, Santamarina se comunicó con el jefe de la policía de Canatlán, Porfirio Echavez, a quien le solicita que le informe sobre el paradero de Ignacio Parra y de los demás bandidos que le quedaban, pues andaba el rumor de que hacía mucho tiempo que Parra ya no se encontraba en la jurisdicción de esa municipalidad. Le recomienda que se tenga el mayor empeño para descubrir dónde se encuentran los bandidos y, princi-

---

[36] Los documentos que se citan en este capítulo forman parte de una carpeta no clasificada con la correspondencia del estado de Durango.

palmente, su jefe. Este comunicado confirma lo que ya se había
indicado en la carta dirigida al dictador Porfirio Díaz el 20 de
junio anterior; es decir, que Parra y Alvarado se habían separado
desde tiempo atrás.

Tres días después, el 27 de junio, Santamarina le escribió extensa carta al ingeniero Leandro Fernández, gobernador del estado de Durango, quien por entonces se encontraba de permiso en
la ciudad de México, después de haber sido nombrado director
de la Escuela de Ingenieros. Entre otras cosas, le comunica la
verdad sobre la muerte de Refugio Alvarado y Federico Arreola
en los siguientes términos:

Parece que no hubo tal combate entre don Felipe López y mozos
que le acompañaban con los bandidos Refugio Alvarado y Federico Arreola, pues con mucha reserva se me ha referido que cansado
López de las exigencias de Alvarado y sabiendo por sus mismos
sirvientes donde se encontraba Alvarado con Arreola, los dos borra-
chos o dormidos, salió con sus tres mozos y al acercarse a aquellos,
mediando tales o cuales palabras o sin mediar, dispararon sobre
los dos bandidos muriendo en el acto Arreola y siendo herido Alvarado, quien tuvo tiempo de disparar sobre Rafael Ortega el balazo que le ocasionó la muerte. La herida que recibió el otro mozo en
un brazo, quien se cree muerto por no haberle hecho la ampu-
tación a tiempo, procede de disparo del mismo López sobre Alvarado, ya en los momentos en que éste caía muerto. Todo esto trato de
que quede completamente reservado, pues su publicidad no tendría otro resultado que quitarle heroicidad al acto de López, pero el
resultado para el Estado ha sido igualmente benéfico, y vale más
que López aparezca como un héroe para que continúe ayudando
en la persecución de Parra, en la que por otra parte se interesa por
su seguridad personal.

En el mensaje anterior se refleja nítidamente la confianza y la admiración que el gobernador interino Juan Santamarina le profesaba al ingeniero Leandro Fernández, gobernador constitucional del estado de Durango, al detallarle cómo había ocurrido realmente la muerte de Alvarado; siendo también evidentes algunas expresiones que muestran una cercana amistad entre los dos mandatarios, lo que explica por qué Fernández lo consideró como uno de sus principales colaboradores en el gobierno, antes de solicitar el permiso para trasladarse a la ciudad de México. Hay otros documentos en el Archivo histórico del estado de Durango que proporcionan información acerca de lo que estaba sucediendo en esos días, cuando se intensificó la persecución contra Ignacio Parra. El 28 de julio, Santamarina escribió otra extensa carta en donde pone al tanto a Fernández de las cosas más importantes que suceden en el estado. En un breve párrafo, Santamarina vuelve sobre el tema de Ignacio Parra, informándole que en la municipalidad de Canatlán sigue la tranquilidad y que él sigue pensando que Parra, en compañía de su hermano Matías, ha salido del estado, aunque alguien le ha asegurado que eso es falso: Parra anda escondido en alguna parte de Canatlán, le afirmaron.

Exactamente a los cuatro meses de escrita la carta anterior, el 27 de noviembre de 1898, el Periódico Oficial del gobierno del estado de Durango publicó la nota siguiente:

MUERTE DEL BANDIDO IGNACIO PARRA

Como se ve por los telegramas que a continuación se insertan, es un hecho la muerte de Ignacio Parra, temible bandido que causó muchos y grandes perjuicios por varios años, a los vecinos de la municipalidad de Canatlán, cometiendo toda clase de delitos. Hoy por fortuna ya no existe y los habitantes de aquellos lugares podrán dedicarse a sus trabajos en completa tranquilidad.

El gobierno del estado con el decidido empeño de otorgar cuantas garantías sea posible a todos sus habitantes, había invertido sin provecho en la persecución de los bandidos, fuertes cantidades, pero en esta vez debido a la astucia del valiente guerrillero Octaviano Meraz, se ha logrado la muerte de Parra.

El gobierno está de plácemes por este acontecimiento, que iniciará sin duda una era de tranquilidad para los vecinos de Canatlán.

Ese mismo día, Santamarina le escribió a Fernández otra carta; al final de esa misiva le cuenta cómo fue la muerte de Parra.

Le explica que la información que había publicado el Periódico Oficial era la que se había recibido en la capital del estado, antes de que el encargado de la persecución, Octaviano Meraz, llegara a la ciudad de Durango. Meraz había llegado el día anterior, informándole bien a Santamarina cómo habían sucedido los hechos.

Contó Meraz que, siguiendo el rastro de los bandidos por los puntos de la sierra en que acostumbraban esconderse, habían encontrado huellas recientes, pero que después de esperar inútilmente sin obtener resultados, habían decidido, el día 23 en la tarde, bajar al llano a comprar víveres y también pensando en que los podían divisar entre las llanuras.

Cuando se dirigían rumbo a la Soledad divisaron desde una parte alta del llano a tres individuos que montaban a caballo. A uno de ellos lo vieron de gran estatura y comentaron entre ellos que tal vez se trataba de Nicolás Saracho, el mayordomo del campo de La Sauceda. Con esta idea, Meraz, y sus guerrilleros se dirigieron hacia aquellos jinetes, sin siquiera sospechar que esos jinetes no eran otros que los bandidos que tanto perseguían. En cuanto los jinetes sintieron que iban hacia ellos, soltaron la rienda y picaron espuelas, sin atender los llamados que se les hacía para que esperaran. Desde muy lejos observaron que al llegar a un arroyo los tres intentaron saltarlo, pero solo dos de ellos lo lograron. El tercero se quedó sin caballo, y tuvo que pasar a nado para luego salir corriendo.

Por la distancia, y por lo rápido que habían sucedido las cosas, no imaginaban todavía que esos jinetes eran en realidad Parra y sus compañeros. Se desató una persecución en toda regla: unos se dirigieron contra los que iban a caballo y otros tras el que había salido corriendo.

Cuando lograron ubicarlo, se dieron cuenta que iba montado de nuevo, pero el caballo era muy malo. Hicieron una maniobra para cortarle la retirada, mientras que Meraz rodeó por el otro lado del cerro. Muy pronto lograron su propósito y cuando el perseguido sintió que los disparos le llegaban cada vez más cerca, se apeó y comenzó a dispararles.

En ese momento Meraz se aproximó por el otro lado del cerro y cuando lo tuvo a tiro, le disparó un balazo que le atravesó la pierna, aunque no se le fracturó el hueso, según comprobó después. Sintiéndose perdido a causa de la herida, hizo el intento de montarse de nuevo en el caballo quedando de espalda de donde se encontraba Meraz, quien le disparó haciendo blanco en el costado izquierdo de la espalda —"el herido cayó como de rayo", declaró— pero Meraz no se confió y antes de que llegaran los demás guerrilleros, le disparó dos veces más cuando ya se encontraba en el suelo. Lo revisaron y comprobaron que ya estaba muerto pues el balazo de la espalda le había atravesado el corazón. Al revisarlo de cerca se dieron cuenta de que se trataba de Ignacio Parra y era el que se había caído al intentar cruzar el arroyo, pero dedujeron que había logrado hacerse de otro caballo, despojando a algún jinete que se encontró durante la huida.

En eso estaban cuando escucharon a lo lejos unos disparos. Eran los otros dos que habían logrado huir, sin ser posible perseguirlos por lo escabroso del terreno y porque, según dijo Meraz, los caballos estaban muy cansados y ya se acercaba la noche. Santamarina termina su carta comentándole al ingeniero Fernández que a Octaviano Meraz se le habían entregado los mil pesos de recompensa que se le habían ofrecido y cien pesos para cada uno de los cinco guerrilleros que le acompañaron, a pesar de que a estos no se les había ofrecido nada.

Por último, Santamarina asegura que el público manifestaba su satisfacción por el resultado de esa campaña y el gobierno no podía estarlo menos, pues con eso se acabaría por completo la constante alarma en que lo ponía aquella gavilla de bandidos.

Días después, Octaviano Meraz recibió el cargo de comandante de la Gendarmería Montada, con un sueldo de cien pesos al mes, tomando posesión del cargo a partir del 1 de enero de 1899. Ignacio Parra, aunque muerto, siguió recorriendo la región en la forma de héroe de los corridos que cantaban su trágica historia.

Año de mil ochocientos,
mandaron a la acordada,
que llevaran vivo o muerto
al bandido Ignacio Parra.
El dieciséis de septiembre
tocó por casualidá
que llegaran a aprehenderlo
por orden de autoridá.

Le dicen en la cantina:
"Ignacio, vete a esconder,
te anda buscando el gobierno
te puedes comprometer."

Se fue con rumbo a la sierra,
se afortinó en la bajada,
haciendo blanco certero
con el jefe de acordada.

Cuando cayó el cabecilla
todos los de la acordada
dispararon sobre Parra
una descarga cerrada.
Les gritaba Ignacio Parra:
"Lástima de tiradores,
díganle a Porfirio Díaz
que les mande otros mejores."
De nuevo, ya en la cantina:
"Sírvame vino y no tiemble
que he venido a celebrar
el dieciséis de septiembre."
Con mucho gusto he cantado,
al compás de mi guitarra,
los versos de aquel valiente
que se llamó Ignacio Parra.[37]

---

[37] Este corrido está escrito en una estrofa de la cuatro-línea y demuestra algunos elementos que hacen un corrido verdadero. En la primera estrofa, el año del acontecimiento y el carácter principal se revela. A través del corrido hay varios acontecimientos de discurso que ilustran la vida de un bandido. Por ejemplo, en la tercera estrofa los campesinos advirtieron a Ignacio Parra de las autoridades, por lo tanto, ellos son partidarios de Ignacio Parra. En la última estrofa hay la despedida de corridista en que anuncia que él ha venido al fin de la historia y hace ofertas a la audiencia. Antonio Avitia.

PARTE IV.

Doroteo Arango, el bandolero

Las memorias de Pancho Villa

Entre las muertes de Bernal y Parra (noviembre de 1898), surgió un joven bandolero que habría de seguir los pasos de ambos: como proscrito, como bandolero y luego como revolucionario. Su nombre verdadero fue Doroteo Arango. Nació el 5 de junio de 1878 y es posible dividir su biografía en tres segmentos, separados cada uno por dieciséis años: de 1878 a 1894, la infancia, al lado de su familia; de 1895 a 1910, el bandolero; de 1911 a 1923, el revolucionario. En este último, el bandolero dejó atrás su nombre verdadero: en los años siguientes, se le conocería como Francisco Villa. Por eso se dice que Doroteo Arango, el bandolero, nació en Durango, y Francisco Villa, el revolucionario, en Chihuahua.

No obstante la enorme cantidad de libros que se le dedicaron durante la segunda mitad del siglo pasado, fue poco lo que se logró saber de sus pasos por la vida en los dos primeros de estos segmentos. Los escritores que lo atacaban simplemente lo calificaban de bandolero, asesino despiadado, negándole cualquier mérito revolucionario. Por el contrario, quienes escribieron positivamente sobre su vida, le daban la vuelta a la leyenda negra, a su pasado bandolero y de alguna manera negaban esta etapa porque les costaba mucho conciliar estas dos caras: la del bandolero y la del revolucionario. Sin embargo, podemos estar seguros de que no se puede comprender la etapa del revolucionario sin conocer las andanzas del bandolero.

La escuela del estratega militar, del líder de masas, del organizador de ejércitos, la escuela de Francisco Villa, pues, la inició a los dieciséis años, cuando se convirtió en un bandolero sin rostro y sin nombre.

De los primeros años se sabe muy poco: no hay fotografías ni documentos históricos de su niñez y juventud. Sin embargo, el periodista José G. Montes de Oca escribió algunos datos que recogió en un viaje que hizo al estado de Durango en 1929.[38] El profesor Manuel Bauche Alcalde[39] y el doctor Ramón Puente[40] recogieron la versión que el propio Villa les transmitió sobre su vida.[41]

[38] José G. Montes de Oca, escritor e historiador, nació en Guadalajara en 1895. Fue el jefe de publicaciones del Museo Nacional. Autor de diversas obras relativas a los grupos indígenas y temas folklóricos, entre algunos de sus títulos se citan los siguientes: "Las danzas indígenas mexicanas" y "Estampas de Durango". Montes de Oca viajó al estado de Durango en 1929 con el objetivo de hacer un reportaje sobre la vida del famoso guerrillero, entrevistando a varias personas que lo habían conocido. En este reportaje se incluyen algunos datos de la infancia de Arango. Los artículos fueron publicados en los números del 28 de febrero y del 7 de marzo de 1929 de *El Universal Ilustrado*.

[39] El general Villa narró a Manuel Bauche Alcalde la causa por la que había cambiado su vida a los dieciséis años por culpa de un hacendado. Pero las memorias completas se quedaron en las pertenencias del propio Villa, quien las guardó y después de su muerte quedaron bajo resguardo de Austreberta Rentería. En algún momento, quizá a finales de la década de 1920, las consultó y tomó notas el doctor Ramón Puente, quien había llevado buena amistad con el general.

[40] El doctor Ramón Puente fue amigo y colaborador cercano del presidente Madero. Después trató a Francisco Villa y se hicieron amigos. Se acepta como cierto que, después de que éste se lanzó a la lucha de guerrillas, Puente lo buscó para que le platicara de su vida, de acuerdo a los datos que proporciona Puente esto sucedió en 1918, y lo que escribió respecto a la infancia del guerrillero es lo más confiable que se conoce.

[41] Otro autor que escribió sobre la juventud de Villa fue Vito Alessio Robles, quien, remitiéndose a José María Núñez, diputado revolucionario en 1928, aseguró que éste le había contado que en 1893, su padre Francisco Núñez, era mayordomo de la hacienda de San José de Berros, donde tam-

"Francisco Villa a través del alma popular", por José Montes de Oca

Según Montes de Oca, en Durango le contaron algunas de las personas mayores, que desde niño Arango estuvo consagrado a las labores del campo: cuidaba burros, hacía mandados o se dedicaba a la pizca del maíz. Desde muy niño se distinguió por su complexión robusta, y también por su agilidad pero, con todo, el joven Arango era un muchacho solitario que acostumbraba vagar por las llanadas y los cerros, aprendiendo la astucia de los animales, que eran sus únicos amigos.

Le contaron también que cuando las pasiones empezaron a inquietar a Doroteo, le dio por costumbre bajar a la población, donde frecuentemente dejaba amargos recuerdos como raterías y riñas, de las que siempre salía bien librado: nunca se dejó pegar por nadie.

Doroteo sabía jugar a la baraja admirablemente bien. Fue justo en un juego de baraja que, distraído, perdió todo el dinero que tenía; impedido para seguir la partida, Arango se fue a la hacienda llamada Ciénaga de Basoco, del municipio de San Juan, y se robó un tronco de mulas que fue a vender a Canatlán. El tiro era de los mejores y servía para el coche del amo.

---

bién trabajaba como administrador Ignacio Fernández, hermano del gobernador. El diputado Núñez le contó que en esos años Arango ya era reconocido por astuto y rebelde, y que junto con Francisco Benítez, se había unido a la gavilla de Ignacio Parra, que merodeaba por Canatlán y Santiago Papasquiaro; que en una de tantas incursiones, el jefe de la Acordada, Manuel Valenzuela, los había aprehendido, fusilando a Benítez y dejando con vida a Arango, gracias a que lo había defendido Pablo Valenzuela. Núñez aseguró a Vito Alessio que Arango se había unido nuevamente a la gavilla de Parra, relacionándose desde entonces con Tomás Urbina y Manuel Vaca Valles; sin embargo, en ningún momento se menciona el incidente del hacendado López Negrete.

Una vez que se descubrió que Arango era el autor del robo, se le persiguió insistentemente, pero alguien le dijo que con la devolución de las mulas no entraría a la cárcel: el futuro revolucionario fue entonces a dicho pueblo y se robó los animales de vuelta, y a escondidas hizo entrega de ellas a los dueños, que eran los señores Fermán.

Un dato muy singular en lo que publicó Montes de Oca se desprende del relato del profesor Francisco Moreno, un viejecito borrachín y desaseado pero alegre. Moreno recordó que Arango era muy travieso y que sus fechorías lo hacían peligroso. Aseguró que Doroteo había estado en la escuela de San Juan del Río, aunque aclaró que solo había asistido unos cuantos días.

También le platicaron que cuando Arango llegó a la adolescencia, se hizo fama de enamorado, de que le gustaban mucho las mujeres y se contaba entre sus grandes debilidades andar siempre de conquista. El joven Doroteo Arango no tomaba nunca vino, pero sí amaba, y jugaba baraja y también a los gallos, que eran otras de sus debilidades.

Recordaron que en San Juan del Río se le había conocido su primer amor, la señorita María Encarnación Gómez, mujer alta, morena, de familia muy humilde, que trabajaba de criada y que, a pesar de haberse juntado con otro, había conservado siempre el recuerdo de Doroteo y que por eso cuando los villistas pegaban en San Juan, ella los recibía con mucho cariño y los agasajaba.

Las memorias de Villa, dictadas a Bauche Alcalde

La Universidad Autónoma de México publicó hace unos años la obra *Pancho Villa: Retrato autobiográfico 1894-1914*, en la que se incluyó el facsímil del documento original de 218 páginas escrito

78

de puño y letra por el periodista Manuel Bauche Alcalde en el
año 1914.[42]

[42] Durante los primeros días del mes de febrero de 1914 llegó a Chihuahua,
procedente de Sonora, Manuel Bauche Alcalde, casi al mismo tiempo que
el general Felipe Ángeles. Luis Aguirre Benavides, en su libro titulado *De
Francisco I. Madero a Francisco Villa. Memorias de un revolucionario*, escribió
que a la ciudad de Chihuahua arribaron varios elementos que no estaban a
gusto con el ambiente antimaderista que se sentía entre las tropas de Venustiano Carranza. El mismo autor escribió los nombres de algunos de estos
elementos que voluntariamente decidieron pasarse al lado de Villa, y entre
éstos menciona a Manuel Bauche Alcalde, aunque no hace ninguna referencia a la fecha.

Fue Bauche uno de esos personaje escurridizos que no dejaron mucho
rastro antes de la revolución. En el archivo de Educación Pública quedó huella de su paso fugaz por esta Secretaría: el 15 de marzo de 1912 el
presidente Madero firmó nombramiento a su favor como profesor de lengua nacional y lectura comentada con sueldo anual de $1,204.50. El 13 de
mayo del mismo año solicitó un permiso sin goce de sueldo, ofreciendo
como única razón el hecho de haber recibido de parte del presidente de la
república el encargo de una misión especial. En el mismo documento se
firmó la autorización para la licencia de seis meses y para que el hermano,
el profesor Joaquín Bauche Alcalde, cubriera dicha licencia.

El primero de julio, cuando apenas tenía dos meses de haber solicitado su
licencia, Manuel Bauche Alcalde recibió un nuevo nombramiento como
profesor de lengua nacional con igual sueldo que el de la plaza anterior:
$1,204.50. El 17 de octubre de 1912 se le asignó el cargo de director del
internado con un sueldo de $3,285.00, incurriendo así en delito, pues exis-
tía una restricción administrativa para ocupar la plaza de director y de profesor al mismo tiempo, y en su caso, por si fuera poco, eran dos plazas de
profesor. El primero de febrero de 1913, unos días antes del golpe militar
contra el gobierno del presidente Madero, Bauche Alcalde recibió otro nombramiento: en esta ocasión, como profesor de primer año de matemáticas
con un sueldo anual de $1,204.50. Manuel Bauche acumulaba ya tres
plazas de profesor. Alguien de mucha influencia estaba juntándole nom-
bramientos y sueldos al misterioso profesor Manuel Bauche Alcalde, quien
para entonces había acumulado en la Secretaría de Instrucción Pública un
sueldo anual de $5,694.00, una fortuna en aquellos años cuando el sueldo
promedio de un peón era de $180.00 anuales, y eso cuando lograba tener
en sus manos dinero, porque en la mayoría de los casos recibían el pago en
especie. Hasta aquí la información que encontramos en el archivo de Instrucción Pública en la ciudad de México.

Después del golpe de estado huertista, Bauche Alcalde perdió sus privi-
legios y meses después se juntó con los carrancistas.

Desde el prólogo resulta evidente que Bauche no aceptó quedarse en el papel de simple escribano: adornó las palabras y las ideas del general Villa, quien estaba muy interesado en dictar sus memorias para justificar algunas acciones y hechos de su pasado, reivindicándose como un revolucionario emergido desde los estratos profundos del México rural porfirista, pero reivindicando también a quienes junto con él se levantaron en armas para luchar por un México mejor.

Algunas de las ideas expuestas en el prólogo ayudan a comprender mejor las condiciones en que se originaron las memorias. En el primer párrafo resalta que la personalidad del general "don Francisco Villa", como lo llama Bauche, jefe de la División del Norte del Ejército Constitucionalista, se había impuesto en esos días como una de las primeras figuras nacionales, por la fuerza indiscutible de sus grandes victorias guerreras.

Bauche informa que las memorias se originaron en vísperas de la gran campaña hacia el sur. Considerando que él llegó a Chihuahua en febrero, y que la marcha hacia el sur se inició a finales de marzo, es casi seguro que esto haya sucedido en las primeras semanas de marzo de 1914.

> Yo le pedí al general Villa que me otorgara el precioso caudal de sus recuerdos y me contestó que sí, para que se conociera toda la historia, con todos los sufrimientos, con todas las luchas, con todas las miserias, con toda la sangre que él se había visto forzado a derramar, con todas las injusticias que había tenido que combatir, con todas las agresiones recibidas y con todas las infamias que había tenido que castigar.[43]

---

[43] Villa Guerrero, Guadalupe y Rosa Helia Villa Guerrero. *Pancho Villa: Retrato autobiográfico 1894-1914*. UNAM. México, 2004.

A continuación transcribo algunas líneas con las palabras que, según Bauche Alcalde, usó el general Villa para exponer las razones de dar a conocer sus memorias.

Que se conozca todo mi pasado, aquel pasado que mis enemigos han esgrimido contra mí, pretendiendo asfixiarme con la polvareda de mis dolorosas hazañas de otras épocas, y aturdirme con los dicterios más crueles y las punzaduras más venenosas.

Ya es tiempo de que el pueblo sacuda, de una vez por todas, la sábana de polvo impuesta por los negreros de la Conquista, a sus más diáfanas aspiraciones de vida, como vida y no como un martirio inacabable.[44]

Así, con este lenguaje pomposo y artificial, Bauche interviene las memorias aplicando su propio estilo en la manera de expresarse del general, pero también se percibe la intervención en esa estructura retórica de la información y de los hechos narrados.[45]

---

[44] Ídem.

[45] Sobre la relación de Bauche con Villa, el doctor Katz afirma que éste se ganó la simpatía y la confianza del general, fomentando lo que en lenguaje moderno podría llamarse culto a la personalidad (y digo yo: en lenguaje del pueblo, lambisconería).

Katz incluyó una anécdota que ilustra muy bien este proceder de Bauche. El que lo contó fue uno de los secretarios del general, Enrique Pérez Rul:

Un día de 1914 el general participó en un mitin celebrado en el Teatro de los Héroes de Chihuahua; el lugar se encontraba repleto de ciudadanos y cuando el general entró al teatro, Manuel Bauche Alcalde se levantó gritando con todas sus ganas: "¡En pie todo el mundo! ¡A la presencia del caudillo del pueblo, del inmortal Francisco Villa, las señoras deben ponerse en pie; los hombres deben descubrirse la cabeza y quedar en actitud reverente!"

Sin embargo, cuando empezó a declinar la estrella de Villa, cambió radicalmente su posición. Al iniciarse el mes de abril de 1915, se trasladó al estado de Yucatán, donde participó bajo las órdenes del carrancista Salvador

El general Villa conservó las cinco libretas con el texto original, las llevó consigo a la hacienda de Canutillo y después pasaron a manos de doña Austreberta Rentería, quien vivía a su lado en los meses previos a la emboscada en la que fue finalmente asesinado en la ciudad de Parral.

Posteriormente, a principios de la década de los años treinta, cuando doña Austreberta se había trasladado de Parral a la ciudad de México, le prestó a Nellie Campobello los cuadernos originales y Nellie se los proporcionó al escritor Martín Luis Guzmán, quien utilizó el invaluable material como fuente para escribir su libro más famoso: *Las memorias de Pancho Villa*.

La primera edición se publicó en el año 1938, bajo el título *El hombre y sus armas, memorias de Pancho Villa*. Al igual que Bauche Alcalde, también Martín Luis Guzmán intervino los escritos, construyendo un personaje de novela que habla con un lenguaje que no es ni el suyo ni el de la gente de campo del norte de México. El personaje de Villa se ha nutrido de estas fabulaciones, aumentando sus dimensiones de leyenda.

Las memorias de Pancho Villa, de Ramón Puente

La primera versión de esta obra se publicó en Los Ángeles, California, en 1919, con el título *Vida de Francisco Villa contada por él mismo*.[46] No pude conseguir copia de esta primera edición, pero

---

Alvarado, y en mayo pasó al Cuerpo del Ejército de Oriente como secretario particular del general Pablo González, permaneciendo allí hasta el 10 de noviembre de 1915 en que por órdenes de Venustiano Carranza, quedó a disposición de la Secretaría de Relaciones Exteriores, donde hizo carrera y vida cómoda durante muchos años, ¿fue el pago que le dio el jefe Carranza por sus servicios de espionaje en las filas villistas?

[46] En la obra *Fuentes de la historia contemporánea de México*, se informa que Ramón Puente había recogido este relato de Francisco Villa en 1918, cuando

el escritor e historiador Jorge Aguilar Mora me aseguró que se trata del mismo texto que Puente publicó en 1923 en *El Universal Gráfico*, con el título *Memorias de Pancho Villa*. Esta versión se presentó en un cuadernillo de 38 páginas dividido en dos partes: la primera contiene las memorias dictadas por Villa a Ramón Puente, pero considerando que se interrumpen en el año 1914, el periódico propuso a Rafael Muñoz que él concluyera la parte que faltaba, incluyéndolo en las Memorias como apéndice. Al respecto, Muñoz declaró que los datos que él había manejado no eran totalmente auténticos, que él había conocido bien a Francisco Villa, que había usado algunos documentos, la memoria y la imaginación, porque no recordaba todo.[47]

En 1931 la American Publishing Co. de los Ángeles California, publicó el libro "Hombres de la revolución, VILLA (sus auténticas memorias)", del doctor Ramón Puente. El periódico Excélsior inició el 23 de marzo de 1931 la publicación de una serie de artículos bajo el título "La verdadera historia de Pancho Villa, por su médico y secretario, Ramón Puente". Me sorprendió que el autor reproduce íntegramente, en la primera parte de la serie, las memorias dictadas por Villa a Manuel Bauche Alcalde, por considerarlas de gran valor.[48]

---

tenía 40 años y la suerte le era adversa. (González, Luis, compilador, *Fuentes de la historia contemporánea de México*, libros y folletos. Tomo I Fondo de Cultura Económica, México, 1961.)

[47] Towner Heberta, "Rafael F. Muñoz, Su vida y su obra, Tesis presentada para obtener el grado de maestro de artes en español de la Universidad Nacional Autónoma de México".

[48] Las memorias escritas por Puente se siguieron publicando en otras versiones: En 1937 en *Villa en pie* y en 1953 en *Villa, rayo y azote*, pero en todos los casos se trata del mismo texto. La única duda que quedó pendiente y no hay información al respecto es por qué Ramón Puente, en ninguna de sus publicaciones, informó dónde había entrevistado al general Villa.

Revisando las dos obras citadas —la de Bauche Alcalde y la de Puente— encuentro grandes diferencias en los pasajes que más interesan en el tema del Villa bandolero. Por ejemplo, la versión del intento de violación de la hermana de Doroteo Arango no es la misma, y tampoco lo que se escribe sobre la participación de Arango en la banda de Parra. También encuentro discordancias en la parte de 1911, donde el general expresa su participación al lado de Francisco I. Madero.

Estas y otras diferencias entre los textos de Bauche y Puente se pueden explicar, como ya se ha mencionado, por la postura de quienes transcriben, pero también por el momento en que el general las dictó: en el caso de Bauche se trata de un Villa triunfalista que ha tomado el control militar de Chihuahua después de grandes batallas como la de Ciudad Juárez, Tierra Blanca y Ojinaga; él es el gran estratega, es el jefe de un gran ejército que nadie podrá detener en la campaña hacia la capital de la república, la gloria principal le pertenece. En cambio, cuando le dicta a Puente, ha cambiado radicalmente su situación: se ha desintegrado la División del Norte, Carranza domina políticamente el país y Villa está cansado de andar a salto de mata. Por estas y otras razones le doy mayor crédito a las memorias que Puente publicó en Los Ángeles en el año de 1919, porque además de las consideraciones expuestas, tienen otro gran soporte: fueron publicadas cuando Villa aún estaba vivo, con apenas cuatro años de por medio entre el momento en que se publicaron y el año de su muerte.

Los primeros años de Doroteo

El general Villa le contó al doctor Puente que había nacido en un rancho del pueblo de San Juan del Río, y que había sido el primero de cinco hijos de una familia sumamente pobre. Su padre, Agustín Arango, murió cuando los hermanos eran muy pequeños. Vivían en una miserable choza y había días en que no tenían ni qué comer. Para ayudar a su madre y a sus hermanos, el pequeño Doroteo se dedicó a recoger leña en el monte, que vendía en el pueblo o que daba a su madre para hacer tortillas desde que empezaba a despuntar el día.

Así ayudó un tiempo, yendo él solo por la leña, bajo el sol o bajo la lluvia, muriéndose de hambre. Cuando contaba su historia, se lamentaba de ver a otros niños llevados con toda consideración al colegio mientras él pasaba todo el día cortando leña o mezquites.

De tanto trabajo que le costaba cargar la leña, pensó que si tuviera un burro, le rendiría más el tiempo y se cansaría menos. Se propuso ahorrar y, a base de mucho esfuerzo, y dando las primeras señas de una tenacidad que jamás lo abandonaría, logró comprar el burro. Villa platicó al doctor Puente que ese animal había sido su primer compañero, y que muchas veces llevaba a sus dos hermanitos y a una de sus hermanas sentados sobre su lomo para pasearlos.

Cuando crecieron sus hermanos, les enseñó a juntar y amontonar la leña, a escogerla y a cortarla, hasta que ellos pudieron más tarde ayudar a su madre, que iba enfermando más y más cada día, a fuerza de tanto trabajo y tantos sufrimientos.

Doroteo Arango fue un niño muy sano, y con el ejercicio constante de cortar leña todo el día se hizo muy fuerte. Él aseguraba que nunca se cansaba y que mientras más trabajaba, sabía que iba a obtener más dinero y eso lo ponía contento porque podía comprar algunos trapos para él, para sus hermanos y para su madre. Recordaba que usaban calzoncillos y camisas de manta, sombreros de petate, rebozos y huaraches.

Cuando consideró que podía ganar más dinero sin sacrificarse tanto, empezó a dedicarse al comercio, convencido de que si alguien trabajaba como burro, llegaba a ser burro también, y así no podría salir nunca de su miseria para satisfacer sus deseos. El animal, que antes lo ayudaba a mover la leña desde el monte, se convirtió en su mejor ayudante para transportar la mercancía que le fiaba en su tienda el señor Pablo Valenzuela, de Canatlán, cerca del rancho donde él vivía con su familia.

El señor Pablo Valenzuela le tenía absoluta confianza al joven Arango porque había conocido bien a su padre y lo tenía como hombre honrado. Además, Valenzuela sabía muy bien cuántos trabajos tenía que pasar para sostener a su familia, y por todo eso fue considerado un amigo ejemplar y se contó entre las personas a las que nunca olvidó el joven Doroteo. Recordaba también que había tenido pocos amigos, que conversaba consigo mismo y con el burro, el amigo de siempre.

Así fue como comprendió lo penoso que era ser pobre. Por todas partes veía la miseria, reflexionaba acerca de la enorme diferencia que existe entre los ricos y los pobres, y pensaba en las injusticias del mundo. Poco a poco tomó conciencia de que lo mismo sufrían todos sus hermanos de sangre y de raza. No podía entender bien por qué la pobre gente que trabajaba en las haciendas todo el día, bajo los ardientes rayos del sol, no ganaba mas que para comprarse unas cuantas tortillas, mientras que los jefes vivían cómodamente en sus palacios, sin hacer nada.

Estas eran mis más importantes reflexiones, y a veces al pensar en esto, olvidaba mi trabajo y soñaba en poseer un buen caballo para poder ir a ver otros distintos pueblos, pues me imaginaba que en otros lugares seguramente vivirían personas más generosas que retribuirían el trabajo mejor y lo apreciarían más. Muchas veces, después de cortar leña, parecidos pensamientos invadían mi cerebro, por lo que pasaban las horas con una rapidez indescriptible. En esto llegaban las sombras de la noche y en la distancia oía las voces de los peones quienes, después de las fatigosas labores del día, se reunían y cantaban para mitigar sus fatigas. Esto me causaba mucha tristeza y algunas veces hasta me arrancaba lágrimas, y el amargo sabor de aquel llanto, me decía que no quedaba más remedio que aguantar.[49]

Las actividades comerciales le abrieron nuevos campos, y su apariencia cambió cuando compró ropa, zapatos y empezó a tratar con otras personas. Aprendió a conocer los diferentes caracteres y a distinguir a los que eran honrados y trabajadores, así como a los que eran indolentes y sinvergüenzas.

Se lamentaba de ser analfabeta, de tener que aprenderse de memoria las cuentas o hacer anotaciones con rayitas en algún papel. A su madre le daba todo lo que podía para que sus hermanos no tuvieran que trabajar en la casa y fueran a la escuela.

Los únicos que le aconsejaban eran su madre y el señor Valenzuela; sin embargo, a la hora de hacer negocio tenía que decidir él solo, y aprendió bien. Le iba mejor en el comercio que en la leña, pero su madre no quería abandonar el pueblo donde vivían: ella quería que entre todos se hicieran cargo de una tierra y la trabajaran como medieros.

Respecto al conflicto por el intento de violación de su hermana, la versión que recogió Puente tiene diferencias con la de Bauche. A Puente, Villa le contó lo siguiente:

[49] Probablemente Villa se refiere al canto a capela que interpretaban los campesinos del norte de México, principalmente de Zacatecas, Coahuila, Chihuahua y Durango.

Tenía yo dos hermanas, una de ellas ya era una señorita casadera. Yo las quería lo mismo que a mis hermanos. Parecía que mi hermana no miraba con malos ojos al hijo del dueño de la hacienda, quien, como otros hijos de hacendados ricos, gozaba en deshonrar a las hijas y esposas de los peones. Espié a mi hermana noche y día, pues tenía la seguridad de que aquel "lobo" deseaba robársela y burlarse de nosotros. El hijo del amo sabía muy bien que yo tenía mis sospechas; pero tal parece que mis celos lo hacían hasta insolente.

Una noche lo descubrí rondando nuestra casa. Lo regañé, nos insultamos y nos dimos de golpes. En la lucha que sostuvimos cuerpo a cuerpo pude arrebatar la pistola que llevaba, disparé e hice blanco. Me di cuenta de lo que había hecho; creí que lo había matado, pues cayó al suelo sin sentido. Así es que huí del rancho para siempre, pues sabía que siendo yo pobre y él rico, de todos modos saldría yo perdiendo, a pesar de que me asistía la justicia; pero ya se sabe que la justicia, como muchas mujeres, sólo es para los que pueden comprarla. [50]

Y le contó al doctor Puente que durante varios días había caminado sin rumbo fijo, casi sin comer. Bebía agua sucia que encontraba en los agujeros del camino, hasta que, cansado y hambriento, llegó a la sierra de Gamón, a poca distancia de San Juan del Río. Ahí, el futuro bandolero se encontró en el camino a un hombre con un burro aparentemente cargado de comestibles. El hombre era robusto y más alto que él. Arango, de la mejor manera, le pidió algo de comer, pero en lugar de eso, el desconocido se negó al mismo tiempo que lo insultaba. Muy molesto por la

---

[50] Esta información que Villa le proporcionó a Ramón Puente está desfasada 5 años, en realidad los hechos ocurrieron en 1900, según los documentos que se incluyen más adelante.

respuesta, desenfundó la pistola que le había arrebatado al hijo del patrón, le apuntó al hombre y éste salió corriendo, temiendo que lo fuera a matar. Así fue como el joven Doroteo pudo comer después de varios días y hasta se hizo de un burro. El gusto, sin embargo, no le duró mucho tiempo.

Al día siguiente, varios hombres interceptaron al futuro Francisco Villa: lo hicieron prisionero, le pusieron fierros en las manos y lo llevaron a Durango. El dueño del burro lo había denunciado ante la autoridad, y en la investigación supieron que era la misma persona que había herido al hijo del dueño de la hacienda. No fue sino hasta entonces que Doroteo Arango tomó conciencia de que los cargos de que lo acusaban eran bastante serios.

Revisando esta información, y aceptando como cierto que la captura del joven Arango habría tenido lugar en 1894, tan solo unas semanas o meses después del enfrentamiento con el hacendado y que a ese delito se había sumado el asalto y robo del burro, consideré que en el Archivo Histórico del estado de Durango podría encontrar los documentos que confirmaran estos hechos. Sin embargo, no hallé ninguno en el que apareciera el nombre de Doroteo Arango relacionado con algún hecho delictivo, no obstante que en la versión de Puente aparecen datos muy precisos respecto a la detención.

La noticia llegó a San Juan del Río y al enterarse Pablo Valenzuela, viajó hasta Durango donde buscó la manera de ayudar, pero como las dos faltas se habían cometido en la jurisdicción de Canatlán, fue el juez de ese lugar quien se hizo cargo del caso. Antes de que lo llevaran a Canatlán, los presos le advirtieron que tuviera mucho cuidado de que no le fueran a "dar agüita". Le explicaron que si lo llevaban por caminos solitarios y lo invitaban a que bebiera agua, era señal de que lo matarían. También le informaron que en algún lugar del camino podían quitarle las amarraduras para liberarlo y una vez que emprendiera la fuga, lo acribillarían a balazos, informando después que se había querido escapar.

Entonces, Villa fue entregado al jefe de rurales, el famoso Octaviano Meraz, para que se hiciera cargo de aplicarle la ley fuga en el traslado de Durango a Canatlán. Esta información se confirma en diversas fuentes, pero el año en que sucedió no figura en ninguna de ellas.[51]

Lo que Villa le contó a Puente fue que, una mañana, cuando estaban a punto de cruzar un arroyo de agua clara, Octaviano Meraz le preguntó si no tenía sed. Inmediatamente recordó lo que le habían advertido sus compañeros de prisión; con la lengua seca y caminando más muerto que vivo por el cansancio, se acercó a Meraz y le preguntó si pensaba matarlo ahí. Meraz lo miró detenidamente, pero no en forma amenazante. Tras un tenso silencio, Octaviano Meraz le indicó con una sonrisa que bebiera, que no se le iba a hacer ningún daño.[52]

---

[51] Pastor Rouaix consigna en su *Diccionario de Durango* que Octaviano Meraz, comandante de las fuerzas rurales del estado, perdonó al joven Doroteo Arango, quien nunca olvidó ese gesto y se lo agradeció más adelante, cuando ya se había convertido en gran jefe revolucionario bajo el nombre de Francisco Villa.

En el año 1998 entrevisté en la ciudad de Durango al general Braulio Meraz, nieto de Octaviano Meraz y él me contó lo siguiente:

A Doroteo lo entregaron en San Juan del Río para que mi abuelo lo condujera a Canatlán, con instrucciones de que le aplicara la ley fuga. En un lugar cercano a San Lucas, Villa Ocampo, dieron agua a los caballos y era el lugar indicado para matarlo. Pero él le pidió que no lo mataran, entonces no se le ejecutó, no se cumplieron las instrucciones que había y lo trajeron a San Juan del Río y lo entregaron ahí.

También registró el acontecimiento el escritor Baltazar Dromundo en un artículo que publicó en la revista "Mujeres y deportes" de la ciudad de México.

[52] Mucho tiempo después el mismo Meraz le confesó que, efectivamente, el gobernador de Durango, Carlos Santa Marina, había dado la orden de que

Según la misma versión, el encarcelamiento en Canatlán duró dos o tres meses, hasta que lo sentenciaron y lo regresaron a Durango. Tan pronto llegó a la Penitenciaría del estado, empezó a ver la manera de escaparse. "Ponía mucha atención a todos los relatos de fugas, se fijaba muy bien en todos los agujeros, puertas y paredes de la cárcel, pero necesitaba algo más que mis pensamientos y deseos para poder penetrar aquellos muros."[53]

Cuando más desesperado estaba, llegó una orden para que junto con otros presos lo llevaran a hacer trabajos en las calles. Durante varios días lo sacaron y cada vez que salía se fijaba bien en los distintos lugares de la ciudad y la parte más apropiada para fugarse, hasta que se hizo amigo de una mujer que vivía cerca de un matadero. Como casi todos los días iban al rastro a conseguir un pedazo de carne para el almuerzo, en una de las visitas se escondió del sargento y corrió a la casa de la mujer, donde se ocultó, quedándose con ella varias semanas.

Como se la pasaba encerrado en esa casa, buscó un lugar para espiar todo lo que sucedía en el rastro y así se puso al corriente de todos los movimientos que ahí se hacían. Tomaba nota de las personas que entraban y salían, de sus distintas ocupaciones, de la hora en que se alistaban para su trabajo. Se fijaba en el tipo de ganado que llevaban para la matanza, cómo lo recibían y cómo lo separaban. Conoció quiénes eran los matanceros y quiénes los lazadores, a los muchachos que estaban encargados de las tripas y de cuáles caballos pertenecían a los lazadores. ¡Cómo gozaba al ver los caballos galopando y persiguiendo a las reses! También se emocionaba al ver a los jinetes lazando el ganado. Él

---

le aplicaran la famosa ley fuga; pero lo había visto tan acabado y tan joven, que le había dado lástima y desobedeció la orden.

[53] Puente, Ramón. *Memorias de Pancho Villa*. *El Universal Gráfico*. México, 1923.

sabía muy bien de todo eso, pues desde chico había montado caballos y jineteado becerros brutos. Lo que más le llamaba la atención era un caballo al que miraba y miraba, como si fuera una niña bonita.

Un domingo por la tarde se encontraba recostado en la azotea, de repente escuchó un ruido en la distancia y pocos momentos después aparecieron los lazadores dejando sus caballos afuera. Entre éstos estaba el caballo que tanto le gustaba. Como sabía que los domingos los lazadores se entretenían un buen rato charlando y bebiendo en la oficina, saltó calle abajo y de un brinco montó *su* caballo y lo hizo volar a todo galope durante una hora, hasta que era casi de noche. Una vez que el futuro líder revolucionario agotó su energía, siguió su rumbo con el caballo a trote bajo la blanca luz de la luna.

Aprendiendo el oficio de bandolero

Todos los biógrafos del general aceptan como cierto que la historia de Arango proscrito se originó cuando éste defendió a su hermana del intento de violación. La única información sobre estos años es la que él mismo le contó a Bauche y a Puente, donde recordó que, después de abandonar su tierra, se unió a la banda de Ignacio Parra.

Mientras huía a la ventura en lomos de mi cuaco, indagando aquí y acullá por la manera de remontarme al espesor de la Sierra Madre, una mañana tempranera me pararon unos hombres de a caballo, que resultaron ser de la gente de Ignacio Parra, bandido entonces muy nombrado en Durango, que después de Heraclio Bernal, de quien conocía yo la historia, y muchas veces había escuchado la "tragedia", porque la cantaban en todas partes los peones de los ranchos, era el que más guerra les daba a las acordadas del gobierno.

Con aquel hombre que burlaba como ninguno la vigilancia de los rurales, y por cuya cabeza se había puesto precio, vine yo a caer; pero de pronto esta fue mi salvación, porque a partir de ese momento, me sentí protegido y sin miedo de que me alcanzaran los que me imaginaba que me habían de perseguir por todas partes.[54]

Al principio, Arango no se resignaba a vivir de esa manera para siempre. Cuando escuchaba las pláticas de aquellos bandoleros y sus fechorías, pensaba que esa vida no iba a durar mucho y que él quería otra cosa, pues sentía haber nacido para algo diferente; sin embargo, también pensaba que en cualquier parte se podía aprender. El joven Doroteo quería saberlo todo de aquellos hombres: más rudos que él y con el alma más empedernida. Con ellos aprendió a reparar las monturas descompuestas, a curar a los animales y a darles una sangría cuando estaban *atorzonados*; a destazar una res, a beneficiar un marrano, a llenar los cartuchos y, sobre todo, a manejar las armas.

Por ser el más joven, a Doroteo se le encargaban las tareas de mozo: cuidarle el caballo a Parra, poner la lumbre, hacer el café, tatemar la carne y bajar a los pueblos por mercancías.

Su afán de aprender, de preguntar y de fijarse en todo, registrando cada camino, identificando todo tipo de huellas, el rastro de las víboras, las señales de las bestias y las rodadas de las carretas. Indagando aquí y preguntando allá, tomó nota de multitud de yerbas del campo y de sus virtudes curativas: conocía la que sana las heridas estancando la sangre; la que limpia las

[54] Puente, Ramón. "Memorias de Pancho Villa". *El Universal Gráfico*. México, 1923.

llagas chupándoles el pus y la que, puesta en cataplasma, alivia las pasmadas del caballo. También aprendió a leer los signos del cielo; las nubes que traían agua y las que sólo pasaban sin dejar la bendición de la lluvia; aprendió a distinguir el rumbo de los vientos; conoció con toda exactitud la hora del día por la altura del sol, y por la observación de las estrellas y la luna.

Arango dominó los caminos, las veredas, los atajos y los aguajes de esta extensa región, y conoció también las cuevas más inexpugnables y escondidas que habían servido de refugio a los rarámuri, tepehuanes, apaches y a todos los proscritos que se refugiaban en estas regiones.

Su extraordinaria memoria, aunada a una capacidad de resistencia física casi inaudita, le permitió asimilar conocimientos de este mapa acumulados durante muchas generaciones. Fue por eso que en múltiples ocasiones logró burlarse de sus perseguidores, que no se explicaban cómo los evadía.

Además de dominar el espacio territorial y sus accidentes, tenía gran facilidad para relacionarse con la gente, para identificar a los más valientes y a los más leales. Más adelante, apoyado en este don de gentes, construyó una red muy extensa, un mapa humano de complicidades, en el que las mujeres con las que se relacionaba amorosamente tuvieron una importancia relevante, porque le abrían puertas en grandes redes familiares que, en muchos casos, se extendían entre varios pueblos y contribuían a aumentar su dominio de la región.

Todos estos conocimientos se le quedaban tan bien grabados que los demás integrantes de la banda acabaron por consultarle y recurrir a él cuando necesitaban algún dato. Esto llenaba de orgullo al futuro Centauro del Norte, porque le hacía columbrar la esperanza de algún día salir de la oscuridad en que había nacido y del infierno en que aún vivía.

En una ocasión, uno de los bandoleros, al que apodaban "El jorobado", le dijo que iban a buscar una mula que hacía falta. Ambos bandidos ensillaron sus caballos en pos de salir por la mulita faltante. No habían avanzado ni dos leguas cuando se toparon con una manada que pastaba a un lado del camino, en un claro del monte. Se acercaron un poco y comprobaron que no había caporal cuidando a los animales. Entonces, el jorobado le ordenó que lazara una yegua pinta y cuando ya la tenía sujeta del pescuezo, le dijo: "¡Tráetela!", y al jalarla con la reata, la siguió toda la mulada. Entonces se regresaron a donde estaban los demás compañeros, y éstos se reían de él porque estaba muy sorprendido de la facilidad con que se había robado todo el atajo de animales que, junto a los que ya tenían, sumaban una buena cantidad para llevarlos a vender hasta Chihuahua, en donde iban a realizar un buen negocio. Doroteo iba muy contento porque uno de sus mayores anhelos era conocer nuevas tierras: hasta entonces, el joven abigeo nunca había salido de la región en que había vivido.

México es muy rico, es una de las naciones más ricas del mundo, —me decía el Jorobado saboreando la fumada de su cigarro de hoja, el que seguido se le apagaba en aquella tupida conversación, pues hasta le aflojábamos la rienda a los caballos para irnos más despacio. Entonces me contaba de las minas de Zacatecas, donde él había nacido, y eran, según afirmaba, las que habían rendido más plata en todo el mundo, y donde se encuentra el cerro de La Bufa, que al decir de la gente está sentado en un banco de oro. Del no menos famoso cerro del Mercado, que existe en la ciudad de Durango, y que siendo de puro fierro habrá para ponerle un cincho de ese metal a la redondez de la tierra; de las bonanzas de Guanajuato y de Pachuca, donde había trabajado; de las riquezas incalculables de Chihuahua, a la que aseguraba conocer como a la palma de sus manos, porque había sido buscón desde el Parral hasta Batopilas; y me contaba también de los tesoros de carbón de piedra y de petróleo que acababan de descubrirse, y aunque no estaban explotados todavía, serían por su enormidad la codicia del extranjero.[55]

Chihuahua le sonaba como algo lejano y muy interesante, y en las doce semanas que duró la expedición adquirió mucha experiencia. Sin saber —sin siquiera imaginar— lo importantes que serían estos caminos en su futuro, desde entonces se fijó en todas las variantes del terreno y aprendió a calcular las distancias utilizando la vista y aprovechando las elevaciones del terreno como puntos de referencia: el muchacho aprendiz "pajareaba" para todos lados en busca de alguna novedad, y cuando veía a lo lejos algo que le causaba sorpresa, retozaba de contento, como si fuera un chiquillo.

Haciendo aquel viaje y echando con frecuencia largas parrafadas con El Jorobado, empezó a caer en la cuenta de lo grande que era México, y se lo comía la curiosidad por conocerlo todo.

Por lo que Villa le contó años después al doctor Puente, se deduce que "el jorobado" fue su primer maestro en lo referente a las cuestiones sociales. Fue a través de las conversaciones con él que empezó a fijarse y a pensar en la desigualdad y la injusticia que imperaban en todo el país por culpa del dictador Porfirio Díaz, condiciones que hasta entonces pensaba que sucedían solamente en San Juan del Río, donde él había crecido.

Yo escuchaba todos aquellos relatos con la boca abierta y con el orgullo de haber nacido en un país en el que había tantas grandezas;

[55] Ídem.

pero se me helaba la sangre cuando a la vez me platicaba la triste situación de la gente trabajadora en todos aquellos lugares donde había experimentado, y me llenaba de amargura cuando me decía que esas minas con vetas tan preciosas, pertenecían en su mayoría a los extranjeros, en todas ellas, los mexicanos no éramos más que el macho de carga del trabajo, mientras que los metales se los llevaban para afuera; y el gobierno ni siquiera cuidaba de que se tratara con consideración al operario, pues en muchas partes, eran tales sus condiciones, que cuando a los barreteros los aplastaba un derrumbe o los alcanzaba por desgracia un barreno, los jefes de las minas únicamente les entregaban a los deudos, envueltos en su misma cobija, los pedazos de su difunto, auxiliándolos con cualquier cosa para darles entierro, y después, nada les importaba que la familia fuera a la perdición.

"Para Porfirio Díaz la vida de los pobres no vale nada, –añadía–. ¿No ves cómo ha inventado la ley fuga que manejan a su antojo los gobernadores y los jefes políticos?" Y yo, que me había visto en las orillas de ser "fugado", cuando oía estas palabras, hasta se me enchinaba el cuerpo.[56]

Llegaron a Chihuahua, donde Parra vendió el atajo de mulas que habían juntado en Durango. A la hora de la repartición, Doroteo quedó muy sorprendido cuando recibió trescientos pesos: se le hizo mucho dinero porque él solo era un recluta, un aprendiz, pero Parra era un hombre justo. Con el dinero en la bolsa se fue a comprar un traje charro y un buen sombrero.

La realidad era que Parra le había tomado mucho afecto y era correspondido por aquel jovenzuelo que había crecido sin padre y veía en el jefe de los bandoleros al guía que no había tenido. No

[56] Ídem.

es exagerado decir que entre Parra y Villa existió una relación casi paternal, de maestro y discípulo.

De la relación afectiva con Parra el propio Villa contó a Ramón Puente un pasaje que refleja hasta qué grado influyó éste y la impresión que dejó la familia de Parra en su memoria.

Una noche [...] fuimos a pasar el día cerca de Gogojito, en un cañón que le llaman Las Brujas. Al día siguiente, al acercarse la noche, emprendimos el camino rumbo a Canatlán, llegando a la cañada de Capinamáis, que es un rancho que lleva este nombre, donde vivía la familia de Ignacio Parra.

¡Vaya una forma cariñosa con que fuimos recibidos por la mamá y hermanitas de Ignacio!

Desde luego se veía que aquella gente había logrado elevarse un poco sobre la civilización dominante.

Encariñados con tan grato acogimiento, quisimos retardar por un día más nuestra permanencia en aquel hospitalario suelo; pero alguien, que seguramente no estaba muy satisfecho con nuestra tranquilidad, dio aviso a Canatlán y nos enviaron doscientos hombres para que nos apresaran.

Yo nunca olvidaré el valor y sangre fría de que dio pruebas Ignacio en aquella ocasión.[57]

Pero no todo era concordia y armonía entre los compañeros bandoleros. Uno de los fieles e inseparables amigos de Ignacio Parra fue, sin duda, Refugio Alvarado, de nefasta fama en aquellas tierras debido a su temperamento violento y a su historial delictivo. En una ocasión, Doroteo y Refugio arreaban una recua

---

[57] Villa Guerrero, Guadalupe y Rosa Helia Villa Guerrero. *Pancho Villa: Retrato autobiográfico 1894-1914*. UNAM. México, 2004.

de mulas, cuando inesperadamente un macho se despeñó con todo y la carga, Alvarado maltrató a Arango injustamente, sin tomar en cuenta que había sido un accidente.

Refugio, que era un hombre de genio violento, agresivo y muy renegado, empezó a llenarme de improperios, a mezclar el nombre querido de mi madre en sus injurias, exaltándome a un grado tal, que eché mano de mi rifle y lo agarré a balazos. Uno de mis tíos le pegó en la frente a la mula que montaba Refugio, y allá van jinete y cabalgadura rodando como unos doscientos metros cuesta abajo.

Viéndose Refugio perdido, sin rifle y sin acción, me gritaba desde abajo: "¡No me tire, güero, no sea ingrato!"

Resolví dejarlo con todo y carga y me fui a darle cuenta a Ignacio, a quien reconocía como jefe, de lo que me había acontecido con Refugio.

Me dejó Ignacio en el campamento, fue a donde había quedado Refugio, ignoro las palabras que se cambiarían y a los tres días regresaba Ignacio solo, sin que nos volviéramos a reunir con Refugio. Sin mayor explicación me hizo saber que ya no lo admitiríamos como compañero por no sernos conveniente.[58]

En sus memorias, Villa relata que Alvarado se separó de la gavilla por tener el carácter muy complicado y por ser aficionado a la bebida, lo que le producía constantes arranques de ira que afectaban la buena relación que existía en el grupo.

Refugio Alvarado murió en julio de 1898, poco después de haberse separado de Parra. Fue delatado por un conocido: mientras descansaba la borrachera, Alvarado fue sorprendido y ejecutado ahí mismo.

[58] Ídem.

La historia de Refugio Alvarado no concluyó con su muerte. Villa contó que al día siguiente andaban en la parte alta de una sierra y que se habían encontrado con un individuo llamado Luis, que era caporal de la Estancia de Medina, perteneciente a la Hacienda de San Bartola.

Al preguntarle qué tenía de nuevo, pues era conocido nuestro: "Que anoche mataron a Refugio Alvarado y a Federico Arriola en los malpaíses de Ocotán", nos respondió.

¡Por allí habíamos pasado el día anterior!

Nos despedimos del caporal y en la noche bajamos a la Hacienda de San Bartola para inquirir noticias sobre la muerte de Refugio, y allí, los amigos nos aclararon que era el mismo caporal Luis quien había entregado a nuestro antiguo compañero.

Decididos a castigar a aquel mal sujeto, nos dirigimos a la Estancia de Medina, donde le habíamos dejado. Poco antes de llegar a la estancia nos lo encontramos en el llano con otros dos vaqueros; le marcamos el alto para que nos diera detalles de su comportamiento; él sacó la pistola y nos agarramos a balazos.

De la contienda, Luis sacó una herida tan peligrosa en un brazo, que si a la fecha aún vive, será seguramente sin aquel miembro herido.

Su felonía estaba castigada. Habíamos vengado la muerte de un antiguo camarada nuestro, cuyo mal carácter nos había hecho rechazarle, pero cuyo recuerdo nos era aún querido.[59]

Al poco tiempo de la muerte de Alvarado, Arango se separó de Parra y él mismo explicó la razón. Por aquellos días se había unido a la gavilla un individuo llamado José Solís, amigo perso-

[59] Ídem.

nal de Parra. En una ocasión, mientras se dirigían a Canatlán, Arango y Solís encontraron a un pobre señor que arreaba un burro cargado con dos cajones de pan, Solís trató de obligarlo a que le vendiera un poco, el viejito se negó porque tenía que entregarlo en la Hacienda de Santa Isabel de Berros, y entonces Solís lo mató de dos balazos. Arango, indignado por esa acción, le reclamó a Parra y como éste le dio la razón al asesino, decidió separarse definitivamente de la banda.

Así terminó la participación de Arango al lado de Parra; habían pasado casi cinco años, desde 1894, hasta finales de 1898. Pero de acuerdo a la narración del general Villa, la relación con los Parra fue mucho más profunda que la de simples gavilleros que se juegan la vida en el monte; entre ellos se había cultivado una relación de compañerismo y lealtad que abarcó a la familia de Ignacio incluso después de su muerte.

Es muy probable que Arango haya protegido a la familia Parra en los años siguientes. Antes de la separación se habían incorporado a la banda Matías y Vicente Parra, el primero hermano de Ignacio, y el segundo, su primo. Arango y Matías siguieron juntos muchos años, y cuando se inició la revolución, éste se unió a las tropas de Villa permaneciendo con él hasta que cayó en un combate contra las fuerzas rebeldes dirigidas por el general Pascual Orozco.[60]

Casi al mismo tiempo en que murió Ignacio Parra se dio a conocer el nombre de Francisco Villa, originario del estado de Zacatecas, que incursionaba desde Sombrerete hasta San Juan del

---

[60] El 29 de mayo del año 2008 entrevisté en la ciudad de Durango a la señora Margarita Parra, familiar de Ignacio, quien refirió que Matías Parra había muerto en combate peleando bajo las órdenes del general Villa, en el pueblo de Nazas, el día 12 de mayo de 1912. Recordó que en el muro de una casa se encontraba una placa de cantera indicando ese acontecimiento.

Río. En el archivo histórico del estado de Durango quedaron registrados varios telegramas que recibió el gobernador durante los meses de junio, julio y agosto en los que se registra la actividad de las autoridades de Zacatecas y Durango para aprehender a los integrantes de esta banda, entre quienes se menciona a Mariano Luján, Apolonio Soto, Francisco Villa y un individuo de Santiago Papasquiaro.

No hubo resultados en esos tres meses; sin embargo, el 30 de septiembre, el gobernador del estado de Durango fue informado por Jesús Hernández, que en la tarde de ese día había sido aprehendido Francisco Villa en compañía de Mónico Meraz: "Enterado aprehensión Francisco Villa y Mónico Meraz; cuídelos con toda eficacia mientras llega el alférez Villanueva que salió madrugada a recibirlos; y a quien los entregará, pues son unos presos de importancia."[61]

Algunos autores han asegurado que en estos años Doroteo Arango empezó a utilizar la identidad de Francisco Villa y hasta se han escrito algunas leyendas muy adornadas sobre la relación de amistad entre Arango y Villa. No hay manera de saber si se conocieron, pero resulta muy poco probable que Arango, que siempre procuró ocultar su identidad, decidiera asumir el nombre de Francisco Villa, quien se había hecho famoso en Durango y Zacatecas.[62]

---

[61] AHED, no clasificados.
[62] Por cierto que el apellido Villa estaba muy extendido en el estado de Chihuahua durante el siglo XIX y principios del XX. Incluso, el nombre de Francisco Villa no era extraño. En una investigación que realicé en el Archivo del Obispado, encontré que en los libros de confirmaciones y bautizos de la ciudad de Chihuahua, entre 1885 a 1895 aparecen tres niños con el nombre Francisco Villa.

Parte V.

Bandolero en Chihuahua

En los caminos aprendí a conocer también, junto con las mañas de los animales, las habilidades y astucias de los hombres; y cuando pude ver a fondo y palpé la codicia de muchos de nuestros ricos que como yo, también robaban o disimulaban los robos cuando les producían ganancias, se aminoraron mis remordimientos, y encontraba para disculparme la secreta buena fe de mis propósitos. Yo no robaba para mí ni despojé jamás a un pobre de la cosa más mínima; jamás me tentó el dinero para quedarme de ocioso o para olvidar en lo que andaba; lo veía pasar sin engreírme, como si hubiera nacido rodeado de tesoros y considerándome solamente como el elemento para sacar de apuros a los necesitados o para realizar cosas muy grandes.[63]

Doroteo Arango ocultó su identidad todo el tiempo en que anduvo con Ignacio Parra, y durante esos años se le conoció por apodos. Uno de estos fue, simplemente, "El güero". A diferencia de Bernal, de Parra o de Alvarado, las autoridades no lo identificaban por su nombre: él mismo se había encargado de cuidar su anonimato. En los años siguientes, Villa utilizó diferentes nombres, y cuando tenía que hacer algún trato con personas que no

---

[63] Puente, Ramón. *Memorias de Pancho Villa. El Universal Gráfico*, México, 1923. p. 7.

fueran de su total confianza, Villa no se presentaba en persona, sino que mandaba a alguno de sus compañeros.

Por su dominio de las armas, por sus cualidades como jinete, por su valentía y fortaleza física, por la experiencia adquirida en los cinco años al lado de Parra, Doroteo Arango estaba preparado para convertirse en líder de su propia banda, pero probablemente durante los dos primeros años (1899-1900) era irregular la presencia de cómplices, impidiendo sostener una banda de manera constante. Después, de mediados de 1900 hasta marzo de 1902, el bandolero Villa permaneció preso en el estado de Durango. No fue sino hasta después de 1903 que se involucra con varios compañeros más.

La primera referencia documental en que se registró el nombre de Doroteo Arango como bandolero de Durango tiene fecha del 1 de noviembre de 1899. La citó el doctor Friedrich Katz, y se refiere a un comunicado donde el jefe político de San Juan del Río, Manuel Díaz Coudier, le comunica al gobernador del estado que en su distrito se había visto a unos bandidos, entre los que se encontraban Estanislao Mendía y Doroteo Arango, los cuales habían tomado el rumbo de Guagogito, donde Arango y Mendía tenían a su familia.[64]

El 30 de mayo de 1900, fue asaltado el señor Ramón Reyes en Boquilla de los Prietos, San Juan del Río. Poco después fue aprehendido Doroteo Arango y se le culpó como autor del robo. Aunque no se tiene la fecha precisa, es probable que esto sucediera a mediados de ese año; el 9 de enero de 1901, desde Canatlán, Manuel Durán envió un comunicado al gobernador del estado Juan Santa Marina donde se infiere que, antes de esa fecha, Arango había sido trasladado a la capital por el comandante Octaviano

---

[64] AHED, documento no clasificado.

Meraz, pero tuvieron que regresarlo a San Juan del Río porque del juez de primera instancia de este lugar había tramitado un amparo:

> Ya sabrá usted por don Octaviano Meraz el resultado de su venida para con el bandido Doroteo Arango, á éste lo amparó el juez, fundándose en que el juez de 1ª Instancia de San Juan del Río le comunica por la vía telegráfica que es reo de robo de dos burros cargados con mercancías pertenecientes a Juan Ortega.
>
> Al poner a Arango a disposición de Meraz, cumplía órdenes del gobierno y nunca obraba arbitrariamente, pero este señor licenciado ha manifestado mucho disgusto con su proceder, habiendo manifestado el señor juez que no iba a procesar caso que el reo no hubiera vuelto. Ya usted verá las dificultades a que uno se expone en estos casos y a usted suplico preparar convenientemente el terreno para cuando se presente a otro igual a fin de no verme expuesto a un proceso tan serio porque cumplo las órdenes del gobierno a quien estoy obligado a servir en todo lo que se me mande.
>
> Pongo también en su conocimiento que se trata de denunciar el hecho contra Francisco Benites a quien se llevó Meraz por orden del gobierno y a ese no lo devolvió porque no lo amparó este juez. Usted me hará favor de preparar el terreno para evitar que se forme en mi contra acusación alguna.[65]

Más adelante, el 7 de marzo, Juan Santa Marina se dirigió desde Durango al señor Aurelio Molina, notificándole que un grupo de policías andaba recorriendo Canatlán y que le encargaba que cuando éstos pasaran por San Lucas se le entregara al reo Doroteo Arango para que lo condujeran a Durango, con el fin de

---

[65] AHED, libro copiador.

consignarlo al servicio de las armas. Previendo que el juzgado dejara en libertad al reo antes de que los policías llegaran, el gobernador le recomienda que lo retenga unos días mientras se le enviaba desde allá al grupo de policías para que se hicieran cargo de trasladarlo.[66]

Cuatro días después de la nota anterior, el 11 de marzo, Juan Santa Marina se dirigió al licenciado Luis Estevané, de Nazas, haciéndole saber que el 30 de mayo del año anterior había sido asaltado Ramón Reyes en Boquilla de los Prietos y que este señor había reconocido las armas que le habían robado y que habían quedado bajo custodia en San Juan del Río, después de que se les hubiera encontrado en poder de Doroteo Arango. Le informa también que ya se habían girado órdenes para que se le trasladara con todo y armas al juzgado de ese partido, Nazas. También se le recomienda que procure con todo empeño descubrir quiénes eran los cómplices de Arango.[67]

Nuevamente, el 18 de marzo de 1901, Santa Marina se dirigió al señor Avelino Molina de San Juan del Río, notificándole que estaba enterado de que se había remitido a Doroteo Arango al juez letrado de Nazas, que se habían entregado las armas propiedad del señor Ramón Reyes, y se le pregunta que si no le recogieron a Arango un caballo y una montura que también eran propiedad de Reyes.

Tres meses después, el 6 de junio, Santa Marina se comunicó nuevamente con Luis Estevané, informándole que Arango era un individuo de malísimos antecedentes, recomendándole por ese motivo que redoblara la vigilancia y que, en caso de que intentara fugarse, lo evitara como fuera, un mensaje que puede interpretar-

---

[66] AHED, libro copiador, marzo 7 a 12 de agosto de 1901, p. 9.
[67] AHED, libro copiador, marzo 7 a 12 de agosto de 1901, p. 22.

se como una velada sugerencia para aplicarle la ley fuga a Villa). También le pide que le avise en caso de que el juzgado decida dejarlo en libertad, para enviar por él antes de que eso suceda.

El 28 de octubre, Santa Marina se dirigió una vez más a Luis Estevané, informándole que el oficial Delfino Torres sería el encargado de recoger a Doroteo Arango y a Ángel Mejía.[68]

El traslado no se llegó a realizar, tal vez por el impedimento del amparo. Finalmente, el 22 de marzo de 1902, el jefe político de San Juan del Río notificó al gobernador del estado que Doroteo Arango se había fugado del cuartel del regimiento militar. De ser efectiva esta información, tenemos que considerar que Arango permaneció preso hasta esa fecha.[69]

De acuerdo a los datos expuestos, queda en claro que Arango estuvo en poder de las autoridades del estado casi dos años (de mediados de 1900 a marzo de 1902), primero en Canatlán y luego en Nazas, de donde lo regresaron nuevamente a Canatlán. Durante este proceso, el jefe judicial del estado, Juan Santa Marina, hizo todo lo que pudo para trasladarlo a la capital, pero tal pareciera que no lograron demostrar que Arango había sido el autor del robo a Ramón Reyes. Aquí es pertinente la pregunta: ¿por qué no se mencionó en ningún documento que Arango había atacado en 1894 al hijo del hacendado? Sugiero que de haber sido cierto ese delito, lo habrían utilizado para refundirlo en la cárcel, e incluso para fusilarlo.[70]

---

[68] AHED, libro copiador 14, 12 de agosto de 1901, 6 de enero 1902, p. 435.

[69] Ídem.

[70] Con base en estos documentos, también pierden solidez las versiones de Montes de Oca y de Núñez, en el sentido de que Arango había sido enviado a Sinaloa, pues todo el tiempo estuvo en poder de las autoridades, probablemente en los cuarteles militares pero del estado de Durango y no en Sinaloa como se ha afirmado.

Los meses de prisión en Durango y las investigaciones que se hicieron en su contra durante el largo proceso, seguramente influyeron para que Arango se replegara hasta el sur del estado de Chihuahua, tomando como base principal la ciudad minera de Parral, desde donde poco a poco se fue introduciendo a una extensa región que comprendía el norte de Durango: Villa Ocampo, Indé, Santa María del Oro y Rosario.

La región de Villa Ocampo se ubica muy cerca de la línea divisoria de los estados de Durango y Chihuahua, muy lejos del control del gobierno de Durango, e independiente del gobierno de Chihuahua. La zona era considerada en aquellos años como tierra de nadie; sitio muy estratégico por sus comunicaciones hacia el sur, en la ruta a Santiago Papasquiaro, hacia el norte con Parral y el distrito de Hidalgo, y hacia la Sierra Madre con el municipio de Guanaceví, desde donde se pasaba al sur de Sinaloa.

En esta región empezó a incursionar a finales de 1902 una banda muy peligrosa, de cuyo misterioso jefe casi nada se sabía y sólo se mencionaban apellidos o apodos que no permitían ubicarlo. Las autoridades se manifestaban cada vez más alarmadas por la incidencia del bandolerismo en la región; los escritos que se cruzaban entre las autoridades se referían a la alarmante presencia de salteadores, pero nunca daban con ellos: eran como fantasmas. Sólo entre la gente del pueblo se sabía quiénes eran, pero se les protegía, se les auxiliaba cuando era necesario y se les informaba constantemente de la actividad de los policías que los buscaban.[71]

En tres documentos judiciales de 1903 se refleja la forma de actuar del gobierno del estado y la atención que se le estaba

---

[71] Años después, a partir de 1910, se pudo saber que esa gavilla era la que dirigía Francisco Villa, el *Gorra Gacha*.

dedicando a la región donde había incursionado Doroteo Arango años antes, junto con Ignacio Parra, y donde había dejado muchas relaciones de complicidad.

En junio de 1903, el gobernador de Durango, Juan Santa Marina, le escribió a Manuel Díaz Couder, jefe político de San Juan del Río, para que le informara respecto a la conducta privada de un individuo llamado Guillermo Brinck, quien vivía en la población de Rodeo y de quien se tenían informes de que en su casa había hospedado en varias ocasiones a Ignacio Parra. El gobernador le anticipa al jefe político que toda la información que le envíe será estrictamente confidencial.[72]

En septiembre, Santa Marina le escribió a Ernesto Ávila, jefe político de Indé, indicándole que había recibido informes de que en la hacienda de Ramos se había cometido un grave desorden; le pide que en cuanto se le entregue a los detenidos, los consigne a ese juzgado de primera instancia, para que practique la averiguación respectiva y se les imponga el castigo a que sean acreedores, bajo el concepto de que si no hubiere méritos para proceder en su contra, se sirva tenerlos presentes para algún sorteo del servicio militar.[73]

En octubre de 1903, Santa Marina se comunica de nuevo con el jefe de policía de Indé, Ernesto Ávila, informándole que podía mandar a los individuos consignados para el servicio militar, siempre y cuando estuvieran sanos y no fueran viejos, porque en ocasiones anteriores el ejército había devuelto algunos por tener algún defecto físico, o por su avanzada edad.

[72] Comunicado del 9 de junio de 1903. Libro copiador No. 20, del 13 de marzo al 30 de junio, pp. 400-401. Archivo Histórico del Estado de Durango.
[73] Comunicado del 15 de septiembre de 1903. Libro copiador No. 21, del 1º de julio al 21 de octubre de 1903, p. 328. Archivo histórico del estado de Durango.

Agrega que respecto a los reos que procedían del partido de El Oro y que también se dedicaban al robo de animales, se procediera a su aprehensión y se los mandara por conducto del jefe político de Santiago Papasquiaro.[74]

Aprovechando que en el estado de Chihuahua no lo identificaban las autoridades judiciales como un fuera de la ley, Arango podía trabajar regularmente como cualquier joven de la época. Aunque no hay registro escrito, se acepta como cierto que en Parral trabajó como minero, albañil y en algunos ranchos como vaquero, como fue el caso en Valle de Allende, donde en 1903 trabajó en las haciendas de Hilario y Sabás Lozoya.[75]

El administrador de estas haciendas era Nicolás Fernández, quien muchos años después recordó que entre los vaqueros que le ayudaban a juntar el ganado para embarcarlos por la ruta de Jiménez, sobresalían tres como buenos jinetes: Tomás Urbina, que era caporal, Eleuterio Soto y otro al que solo se conocía como "El güero". Estos no duraron mucho tiempo en ese trabajo y un día desaparecieron sin decir nada. Al año siguiente regresó "El güero" y buscó a Fernández para que lo ayudara porque lo andaba persiguiendo la Acordada. Nicolás Fernández lo contó de esta manera:

> Andábamos arriando una partida de ganado cuando vi venir al güero montado a toda carrera, y ya que se acercó me pidió que le diera mi caballo porque lo venían persiguiendo, me hice cargo

---

[74] Durango, noviembre 25 de 1903. Libro copiador No. 22 del 21 de octubre de 1903 al 22 de febrero de 1904. Página 153. Archivo histórico del estado de Durango.

[75] Los Lozoya eran originarios de Indé, Durango, y eran famosos en toda la región porque tenían muy buenos gallos de pelea. Tenían animales finísimos, y en las jugadas llegaban a "amarrarse" hasta cien mil pesos plata en las patas de un gallo. En las ferias más famosas eran reconocidos los gallos de los Lozoya, principalmente en la feria de San Marcos a la que acudían cada año.

de su situación comprometida pues le tenía simpatía, y además un hombre de campo siempre ayuda a otro. Mi caballo era bueno y estaba re fresco. Me apié, desensillé y él con toda rapidez puso su silla, dejando suelto el suyo porque seguramente lo conocían los de la acordada.[76]

Luego Fernández le indicó dónde se encontraba una cueva para que se escondiera mientras se hacía noche y dejaban de perseguirlo. Llegaron luego los de la acordada, y después de algunas indagaciones se retiraron.

Ya cerrada la noche y cuando el ganado estaba encerrado en la manga, fui a buscar al güero en la cueva que le había señalado. Le llevé otro caballo y comida. Allí me contó de su vida de aventurero forzado y se lamentó de que no podía estar en ningún lugar, pues siempre lo descubrían y lo obligaban a huir apresuradamente.

Me pidió que en diez días le tuviera listo un caballo y yo le dije que le iba a proporcionar uno de los llamados "forasteros", de los que caen en los potreros y nunca se sabe de dónde llegaron. Al preguntar el güero si era un caballo rosillo con una pata blanca y una mancha en la frente, resultó que era un caballo que él traía montado, pero que un día lo había tenido que soltar en aquellos terrenos porque lo había cansado demasiado. En el plazo acordado regresó por el caballo, y no volvimos a vernos hasta que se andaba empezando la revolución y yo supe que ya se llamaba Francisco Villa.[77]

[76] Este relato se lo contó el general Nicolás Fernández al escritor Francisco L. Urquizo, en una entrevista que después se publicó en la revista El legionario del 11 de enero de 1952. Nicolás Fernández fue uno de los principales jefes de la División del Norte. Fue leal a Francisco Villa hasta que éste fue asesinado. En 1924 se levantó, junto con Hipólito Villa y Manuel Chao, apoyando el movimiento delahuertista. Fue uno de los pocos generales villistas que murió de viejo.

[77] Ídem.

El asalto en Villa Ocampo

El 21 de mayo de 1904, en Villa Ocampo, tres individuos asaltaron la casa del señor Gabino Anaya, ganadero muy conocido en el norte de Durango y en Parral. El acontecimiento se difundió ampliamente en periódicos de Parral, Chihuahua y Durango, quedando también registro documental en el Archivo Histórico de este estado. Seguramente ningún otro hecho delictivo causó tantos comentarios y alarma en la región. Desde los primeros informes quedaron identificados los asaltantes, pero solamente dos fueron reconocidos por sus verdaderos nombres: del tercero solo se registró un apellido que de nada sirvió a las autoridades.

Este suceso es de gran importancia porque es el testimonio más detallado de una acción en la que participó el bandolero Doroteo Arango, además de ofrecer muchos datos respecto a la forma en que procedían los ganaderos "honrados" y las autoridades. Además, es casi seguro que esté relacionado con la anécdota que narra Nicolás Fernández. Mi sugerencia es que Villa era perseguido por estos hechos cuando llegó a pedir ayuda a Fernández.

En el Correo de Chihuahua, el periódico más importante del estado, se publicó la noticia el 23 de mayo, bajo el encabezado: "Asalto y muertos, entre Indé, Durango y Parral". Se informa que el día 21 de mayo, a las seis de la mañana, había sido asaltado en su rancho el señor Gabino Anaya, por los bandidos José Beltrán, Rosendo Gallardo y A. Regalado. Que lo habían colgado de un árbol en presencia de su familia para obligarlo a que les entregara el dinero y que lo mismo habían hecho con su sobrino Francisco Aranda, manteniéndolos así hasta las seis o siete de la tarde, hora en que desataron al señor Anaya y lo llevaron al interior de su casa, donde la esposa les pidió que ya no lo martirizaran, asegurándoles que ella les entregaba las llaves del lugar donde guardaban el dinero. En eso estaban cuando pasó por casualidad un soldado por el lugar. El soldado se dio cuenta de lo que sucedía e inmediatamente dio voces de alarma, atrayendo a otros tres soldados, quienes iniciaron una tremenda balacera de la cual resultaron dos soldados heridos, mientras que don Gabino Anaya recibió quince puñaladas.

Según la nota, los asaltantes lograron huir del lugar, pero fueron perseguidos también por las fuerzas de la Acordada, quienes dieron muerte al bandido José Beltrán y aprehendieron a Rosendo Gallardo.

Esta primera nota concluyó con la información de que en el combate habían resultado heridos: en una mano, el jefe de la Acordada, y en el estómago uno de los guardias, el señor Braulio Soto, quien probablemente iba a morir.

Cuatro días después, el 27 de mayo, apareció la segunda nota, y en ésta, el corresponsal empezaba informando que había muerto Braulio Soto, agente policiaco de Villa Ocampo, quien se había sumado a la persecución de los bandidos Beltrán, Regalado y Gallardo.

Respecto a los asesinos, informó el corresponsal que se trataba de gente rematadamente obstinada en su desgraciada e infame carrera del vicio, y que por lo tanto pagarían caro su estúpida y salvaje hazaña: Gallardo ya se encontraba preso y sólo faltaba la aprehensión de Regalado, el capitán de los asesinos. Agregó que, según relataba la gente de Villa Ocampo, las principales guaridas de Regalado se encontraban en un rancho de Santa María del Oro, Durango, conocido como Las Auras, pero que también se escondía en La Boquilla, pequeño ranchito ubicado en Cerro Gordo y en Torreón de Cañas.

También se comentó que mientras no fuera aprehendido Regalado, continuaría la alarma en aquellos lugares, especialmente en Villa Ocampo, poblado de mil quinientos habitantes, formado por gente buena, honrada, trabajadora, donde sólo se daban casos como el sucedido cuando llegaban, de paso, con rumbo a la sierra de Guanaceví y otras partes, ese tipo de maleantes. Lamentaba que en esta cabecera municipal sólo había dos guardias, y que con la muerte de Soto ya sólo había quedado uno. Al final, el corresponsal agradecía a los guardianes del orden por haber aprehendido a uno de los asaltantes y haber eliminado al otro, pero dejaba la advertencia de que se tenía que encontrar a Regalado, quien se distinguía como el más inicuo e infame de los tres.[78]

Años después, la escritora Nellie Campobello publicó el artículo "Perfiles de Villa", donde identifica a Regalado como Francisco Villa, y aunque no citó con precisión las fechas, sí expuso lo más importante para la historia: la ubicación de los hechos, los nombres de los protagonistas y las causas del asalto; entre Gabino Anaya y José Beltrán había tratos que el rico ganadero no respetó, y cuando

---

[78] Más adelante, en 1946, el general Juan Gualberto Amaya, autor del libro *Madero y los auténticos revolucionarios de 1910*, también se refirió al mismo acontecimiento, asegurando que Beltrán era el jefe de la gavilla integrada por Francisco Villa, Tomás Urbina, Rosendo Gallardo y Jesús Siañez. Que esta gavilla tenía conexiones en todos los pueblos inmediatos a Parral y Santa Bárbara, siendo estos minerales donde más se refugiaban para comerciar con el ganado, mulada y caballada que se robaban continuamente. Extendían sus tentáculos hasta Guanaceví, Durango, y toda la parte norte del río Sextín.

El nombre de Juan Gualberto Amaya es casi desconocido en la historiografía mexicana de la revolución. Originario de Durango, llegó a Chihuahua a principio de 1900, como empleado de la gran tienda El Nuevo Mundo. Durante los años previos a la revolución, viajó por el distrito de Guerrero como representante de esta empresa. Tuvo la oportunidad de conocer a muchos de los jóvenes que en 1910 encabezaron, en esta región, el movimiento revolucionario, especialmente a Pascual Orozco. Por eso el libro *Madero y los auténticos revolucionarios de 1910* está dedicado en buena parte a Orozco, y desde nuestra posición es una de las obras fundamentales para entender a este personaje, y al movimiento identificado como orozquismo.

Beltrán le exigió que le pagara lo acordado, éste lo delató y por esa causa fue enviado a prisión, de donde escapó, razón por la que, acompañado de Gallardo y Regalado —quien en realidad no era otro que Doroteo Arango—, se presentó a casa de don Gabino con el fin de cobrarse por la fuerza lo que se le debía.[79]

La información que utilizó la escritora en su artículo la había recibido de un tío. Esto fue lo que le contó:

Yo estaba en una mina, cerca de Las Bocas, Durango [...] Allí llegaron salpicados de sangre, cansados, creían que habían matado a don Gabino; tenían hambre, les di carne seca, gordas de harina. Cuando hablaron y comieron, me encargaron que los despertara antes de salir el sol; se amarraron los caballos a los pies y se pusieron a dormir.

Ya empezaba a salir el sol, y ya los cordones de la Acordada andaban rondando en busca de ellos, y los bárbaros no habían despertado. Arrastrándome de panza llegué y moví al primero. Levantaron la polvadera.

Volví a ver a "Gorra Gacha" cuando Beltrán, en Parral, acribillado a balazos allí en Las Carolinas, por Palma y sus hombres, se batió como nadie, solo y su alma. El entierro de Beltrán fue pardeando la tarde.[80]

---

[79] Ver, en *Revista de Revistas* del 7 de agosto de 1932, el artículo "Perfiles de Pancho Villa", donde el director de la revista, Carlos Noriega Hope, escribió que una mujer del norte, cuya vida había comenzado en los tiempos agitados de la revolución, había escrito unas simples cuartillas especialmente para *Revista de Revistas*, en esos días en que se estaban cumpliendo nueve años del asesinato de Francisco Villa, cuyo nombre, debido a los acontecimientos políticos en esos momentos, se encontraba en la sombra, pero que en el futuro la figura del "rayo de la guerra" reaparecería con sus verdaderos perfiles.

[80] Campobello, Nellie. *Perfiles de Villa. Revista de Revistas.* 7 de agosto de 1932.

Otro documento referente a este acontecimiento lo escribió
en 1965 el señor Jesús Ortiz, hermano del famoso general Santos
Ortiz, quien se distinguió en las tropas de Tomás Urbina. Com-
plementa la información, incorporando nuevos datos respecto a
la participación de Francisco Villa en el asalto a la casa del señor
Gabino Anaya, además de confirmar otros datos que habían quedado poco precisos.

Me llamo Jesús Ortiz Ávila. Nací en San Miguel de las Bocas, hoy
Villa Ocampo, en 1895. Fueron mis padres Jesús Ortiz y Martha
Ávila.

[...]

Vivíamos en Villa Ocampo, llamado Las Bocas por la genera-
lidad de la gente, y mi padre nos contaba que su compadre don
Gabino Anaya, rico ganadero de la región, había sido asaltado por
tres bandoleros en su casa en Villa Ocampo, después de que la misma banda había asaltado al banquero Eugenio Molina.

La gavilla estaba compuesta por José el *Charro* Beltrán, Rosendo Gallardo y Arcadio Regalado.

Pues bien, mi padre nos contaba que el padrino de Santos mi
hermano, don Gabino Anaya, había hecho algunos tratos con José
el *Charro* Beltrán no muy claros, ni muy lícitos. Cuando el *Charro*
Beltrán fue a reclamarle, se negó a pagarle. En aquel tiempo, cuando a un hacendado le caía mal algún individuo o quería deshacerse
de él, con sus influencias y su dinero se ponía de acuerdo con las
autoridades y lo enviaban a la leva, a servir en el ejército. Eso fue
lo que hizo don Gabino con el *Charro* Beltrán. Lo envió primero a
la cárcel y después fue a servir al ejército. Pero se escapó de allá y
vino a buscarlo a Villa Ocampo; para eso se reunió con Gallardo,
que se llamaba Rosendo y era originario de estación Dorado, Chihuahua, y con Arcadio Regalado, que no era otro que Pancho Villa.

Don Gabino quedó gravemente herido de varias puñaladas que le propinó el *Charro* Beltrán, pero no se murió, y vivió para contarlo.

A Arcadio Regalado, que después se cambió el nombre por el de Pancho Villa, le decían el *Gorra Gacha* y también la *Fierona*.

En los periódicos que mi padre conservaba, decían que el *Charro*, José Beltrán, había sido muerto a balazos por los rurales y que atraparon a Rosendo Gallardo, pero no fue cierto, mi padre decía que no atraparon a nadie, menos a Arcadio Regalado, que tenía sus guaridas en un rancho de Santa María del Oro, Durango, llamado las Auras, pero que también se escondía en la Boquilla, entre Cerro Gordo y Torreón de Cañas.

"Doroteo Arango —decía mi padre— constantemente se cambiaba de nombre; se hizo llamar Antonio Flores, nombre que tomó de su tío Antonio Flores Arango, sobrino de su señor padre; este nombre lo usó cuando se llevó una partida de veintiocho reses del fierro de la señora Guadalupe Prieto viuda de Flores." En ese tiempo, decía mi padre: "Es el mismo, el mismito, no puede ser otro."

En esos años de mi vida, en mi casa se oía de bandolerismo, de abigeos, y uno de ellos era, como ya dije, Doroteo Arango. El *Charro* Beltrán era un bandido romántico.

[...] El *Charro* Beltrán murió en Parral, en el barrio de las Quintas Carolinas, donde había un mesón llamado igual que el barrio, Quintas Carolinas; se había citado con Regalado (Villa) y Gallardo, pero éstos se tardaron en llegar, y cuando iban llegando sólo oyeron la balacera; don Ismael Palma, jefe de la acordada, lo sorprendió, y él solo, el *Charro* Beltrán, se enfrentó al grupo bien armado y murió acribillado.[81]

---

[81] Este documento me lo proporcionó el periodista Humberto Payán Franco. Su familia tenía mucha relación con los Ortiz y él había quedado de entrevistar a don Jesús, pero ya no fue posible por la muerte de éste. Sin embargo, don Jesús tuvo tiempo para escribirle este relato en forma de carta que le envió al padre de Humberto, que era su amigo.

Así se iba pasando la vida del joven Arango, cambiando constantemente de territorio y de personalidad, con un pie en el estribo del caballo del bandolero y con el otro caminando y conversando normalmente entre la gente de Parral y de otras poblaciones del estado de Chihuahua, donde no lo conocían. Nunca dejó de actuar bajo esta doble personalidad, y no obstante que es casi imposible seguirle la pista paso a paso, por lo que ya he mencionado antes respecto a la dificultad de identificarlo en los documentos judiciales, sí es posible encontrar alguna información donde aparece su nombre relacionado con algún asalto.

Con base en testimonios orales, transmitidos de generación a generación entre los rancheros del sur del estado, se sugiere que, en 1903, Francisco Villa se estableció en la región del distrito de Parral, donde había florecido de manera especial el abigeato, formándose varias bandas armadas y bien organizadas.

En su larga carrera de abigeo y bandido, este cambio de región fue muy importante porque le abrió las puertas de un territorio más rico, donde no se le conocía, pero sobre todo donde la actividad del abigeato era una ocupación bien organizada y más segura: en ella participaban gentes importantes con mucho arraigo social e influencia en las principales ciudades y pueblos del distrito Hidalgo.

Fue el caso de la relación que construyó con los Baca de Parral, Quirino y Miguel. El primero pertenecía al grupo de ganaderos más poderosos en la región, tenía gran influencia con las autoridades y muchas propiedades urbanas y rurales. Aprovechando la posición de su padre, Miguel su hijo se convirtió en uno de los principales introductores de ganado en el rastro de Parral, de Santa Bárbara, Villa Escobedo y otros pueblos de los alrededores, donde comercializaba sin ningún problema el ganado que le compraba a los abigeos y entre muchos otros a Francisco Villa.

118

Por la vía testimonial, se sabe que el ganado robado se concentraba en los ranchos de los Baca, principalmente en uno que se conocía como "El Negro", a donde llegaban las diversas bandas de abigeos, de Huejotitán, Valle Rosario, (Santa Cruz de Herrera) Valle de Olivos, El Tule, Balleza, y Parral.

Según testimonio de Plutarco Muñoz, originario de Parral y recopilador de fuentes orales de la revolución, algunos de los abigeos famosos que introducían ganado para el abasto en los pueblos de Parral, Santa Bárbara y San Francisco de El Oro, y quienes después figuraron en las filas villistas, fueron Gorgonio Beltrán, José Sánchez, los hermanos Flores, todos ellos de Valle de Rosario; los Rodríguez, los Quintana, los García, los Galaviz De San Felipe de Jesús y Río de Quintana; los hermanos Trinidad, Samuel y Juan Rodríguez Quintana, los hermanos Rodrigo y Severiano Yañez Corral de Huejotitán; del mismo municipio, pero de los ranchos Las Presitas y Los Cuates, los abigeos Miguel Sotelo, Jesús José Gutiérrez y Jesús Espinoza, alias "El Chino" (quien dejó un gran historial en el abigeato de la región). Anselmo Solares, Miguel Moreno y Procopio Chavarría, del rancho Las Cruces; hermanos Holguín, Beltrán y Mendoza de El Tule, municipio de Parral; los hermanos Sandoval, Martínez y Mendía de Valle de Olivos; los abígeos Arcadio Ramírez, Manuel Sandoval y Valente Chavarría del municipio de Santa Bárbara; David y Jesús Manuel Castro, la familia Heredia y los Hermanos del Vahl del municipio de Balleza.

A partir de esta nueva situación, Doroteo Arango rápidamente empezó a construir una red de contactos, ampliando luego su base de actividades hacia todo el estado de Chihuahua. En la región de Parral, Villa estableció una extensa base social de apoyo.

El 10 de agosto de 1905, desde la capital del estado de Durango, el jefe de la policía, Esteban Fernández, le escribió al licenciado

Francisco Vázquez del Mercado, informándole que los asesinos de los hermanos Arreola habían sido Matías Parra y Doroteo Arango.[82]

El 9 de noviembre de 1906, el mismo Esteban Fernández escribió otra carta a Luis Díaz Coudier, jefe político de Indé, donde lo autoriza para que haga los gastos necesarios y extermine a los malhechores que han aparecido en dicho partido. No se refiere a ningún bandolero en especial, pero se infiere que se trata de la banda de Doroteo Arango.

Dos meses después, el 3 de enero de 1907, Fernández le envía un nuevo comunicado a Luis Díaz Couder, notificándole que en Parral vive el peligroso bandido Francisco Hernández y le refiere algunos datos de sus actividades; obviamente, este bandido es el mismísimo Doroteo Arango.

> Pablo Vargas Zambrano, en carta que me escribe de Parral con fecha de ayer, me dice entre otras cosas lo siguiente:
>
> Es probable que en estos días salga de esta ciudad para El Oro, un bandido que en estos puntos lleva el nombre de Francisco Hernández; este bandido, según sé, hace tiempo que en compañía de otros que ya murieron en manos de la acordada, asesinaron en Villa Ocampo unos sirvientes de un tal Amaya, dio un asalto en Hierbabuena, matando a un Sr. López y hace muy pocos días salió y mató dos árabes en el fiche de Palomas del Ferrocarril Central Mexicano cerca de Rosario, municipio de Indé. Hernández vive en esta ciudad (Parral) cerca de una fábrica de ladrillo, y si se procede con cautela no es difícil agarrarlo.
>
> Soy de Ud. Afmo. Amigo y atto. S.S.
> Esteban Fernández.[83]

---

[82] AHED, libro copiador del 19 de junio al 14 de septiembre de 1905.
[83] AHED, sin clasificación.

El 22 de febrero de 1907, desde Durango, se recibió en Jiménez un exhorto en el cual se informaba que días antes había sido asaltado, en el rancho de la Estancia, en la jurisdicción de San Juan del Río de este estado, el ciudadano Jesús Uranga, quien había sido despojado de unos dos mil pesos, de varias prendas de ropa y de algunas alhajas; y pocos días después fue asaltado el ciudadano Amado Herrera, vecino de Capinamaiz o el Pozole, sin que los bandidos lograran robarlo a causa del auxilio que muy oportunamente le fue prestado.

Por las pesquisas realizadas, se supo que los autores de esos asaltos habían sido Matías Parra, Doroteo Arango, Socorro Aguilar y Estanislao Mendías, "bandidos peligrosos que hasta ahora han logrado burlar la acción de la justicia":

Por informes que he recibido, sé que esos bandidos residen ordinariamente en la hacienda de Salaices o en alguna de sus anexas, tal vez con nombres supuestos, y que periódicamente hacen excursiones a este estado, vendiendo aquí el producto de los robos que cometen allá, y llevando para los distritos de Hidalgo y de Jiménez lo que logran robar aquí.[84]

Ante las evidencias, el jefe político de Durango solicita que se capture a los bandidos, agregando la descripción de cada uno:

Matías Parra es como de 28 o 30 años de edad, originario de la Cañada, jurisdicción de Canatlán, de estatura regular, de color cobrizo, ojos verdes, boca regular, labios gruesos, nariz afilada, de poco bigote, barba escasa, carirredondo, usa pantalón de casimir del país, de color oscuro, calza zapatos, usa sombrero de petate de

[84] Ídem.

una pieza y se tapa con una cobija de las llamadas vulgarmente ponchos, de color oscuro y a cuadros. Matías es hijo de Romualdo Parra –autor de varios robos y asaltos, por lo que fue fusilado, hace como veinte años, por el C. Laureano González, en esta época jefe de la Gendarmería Montada del Estado– y de Fernanda Macías, que aún vive, y es hermano del célebre bandido Ignacio Parra, muerto hace algunos años en un combate que tuvo con el C. Octaviano Meraz, actual jefe de la Gendarmería citada. Matías montaba últimamente un caballo mojino y una yegua grulla, ambos animales de la propiedad de Manuel Parra, tío de Matías, quien dice que se le perdieron hace poco tiempo.

Doroteo Arango es de 30 a 32 años, parece ser originario de San Juan del Río o de algún punto de este partido, donde ha estado procesado por los delitos de robo y homicidio, así como por fuga de la cárcel de la cabecera de aquel partido. Es alto, de complexión robusta, güero, ojos verdes, barba cerrada, boca chica, nariz ancha, carirredondo, trae indumentaria igual a la de Parra y últimamente montaba un caballo de color oscuro.

Sotero Aguilar es de 40 a 42 años, originario de la hacienda de la Sauceda, municipalidad de Canatlán, de estatura baja, robusto, de pelo, cejas y ojos negros, boca grande, labios abultados, nariz regular, barba y bigote negros y abundantes, usa la barba muy recortada. Ha cometido dos homicidios y algunos robos. Viste como los anteriores, con la diferencia de que el pantalón parece ser claro y se ignora el color del caballo que monta.

Estanislao Mendías, es de 45 o 50 años, originario del estado de Zacatecas, de estatura regular, ojos cafés, pelo abundante entrecano, barba entrecana, larga y lacia, nariz aguileña, boca regular, color trigueño, viste traje semejante al de Matías Parra. Mendías ha estado procesado por robo y por algunos homicidios; es conocido como salteador y ladrón, y es prófugo de la cárcel de Durango, donde extinguía una larga condena. Actualmente trae en el cuello una bufanda verde a rayas blancas y coloradas, y monta su caballo alazán de poca alzada.[85]

Al final del exhorto, la autoridad de Durango observa que, probablemente, los individuos mencionados trabajan entre los peones que se ocupan en la presa que se está construyendo en Salaices.

También de esta época, la señora Celia Herrera incluyó en su libro *Francisco Villa ante la historia*, un documento judicial del estado de Durango referente a las actividades de Arango como ladrón de ganado. Aunque la autora omitió la fuente de donde lo obtuvo, lo utilizó dando por hecho que es fidedigno y que se extrajo de los archivos del estado de Durango.

Es un telegrama fechado el 5 de noviembre de 1907, por medio del cual el jefe político del partido de Durango, V. G. Sarabia, le solicitó al jefe político de Indé, la aprehensión de los bandidos Matías Parra, Sotero Aguilar, Doroteo Arango, Refugio Avitia, Cesáreo Díaz, Salvador N. y José Gallegos.

Allí expuso el jefe político de Durango que estos bandidos se habían llevado del rancho "Saláis", a inmediaciones del valle, veintidós bestias entre mulas y caballos. Explicó la autoridad política de Durango que estos animales habían sido encerrados en la casa de la Medrano, mujer de mala nota que protegía a los bandidos mencionados, y por esta razón le escribió al jefe político de Indé, suplicándole que persiguiera y aprehendiera a los bandidos, pues se tenían datos de que se dirigían hacia aquella región.

[85] Ídem.

En las últimas líneas del comunicado se agregó la información que había proporcionado el jefe municipal de Canatlán, quien había manifestado que en la noche del 24 de octubre, las bestias robadas habían sido encerradas en el corral de la casa de Francisco Parra, ubicada en el rancho del Pozole, del municipio de Canatlán, y que una semana después, el 30 de ese mes, habían pasado por Santa Lucía rumbo al rancho del "Saláis", cerca del río de Parral.

1910. Doroteo Arango es Francisco Villa

Hasta el año de 1910, Doroteo Arango pudo desplazarse libremente por el estado de Chihuahua, donde conocía a muchas personas, no solo en Parral y sus alrededores, sino en la propia capital del estado, especialmente en San Andrés, que fue uno de los sitios donde gozó de gran popularidad; también en Santa Isabel y en el distrito de Guerrero, donde, según testimonios orales, tenía contactos con la familia de Pascual Orozco y de Albino Frías.

¿Cómo era posible que el bandolero se burlara de la justicia del estado de Chihuahua y que, al mismo tiempo que circulaban exhortos por los municipios del sur del estado, él se dejara ver y se desplazara públicamente sin ser aprehendido?

Ya lo hemos adelantado en páginas anteriores: en Chihuahua, a Francisco Villa no se le identificaba físicamente como Doroteo Arango, pero además —y esto es lo más interesante—, cuando se encontraba a punto de ser desenmascarado, contaba con amigos o cómplices bien ubicados en el sistema productivo y en la política, gente de bien con quienes hacía negocios frecuentes y redituables. Sin embargo, en marzo de 1910, el bandolero cometió un error muy grave que ya no le permitió conservar en secreto su identidad. Meses después, Doroteo Arango tuvo que tomar una decisión que trastocaría por completo su vida.

Este segmento en la historia de vida de Doroteo Arango o Francisco Villa empezó a gestarse el 20 de marzo. En esa fecha, en el mineral de Santa Bárbara se solicitó un permiso para el traslado de 28 reses provenientes de un rancho de Valle de Rosario, uno de los lugares predilectos de Arango: un sitio muy propicio para esconderse, porque se encuentra al pie de la sierra, donde abundan las cuevas y las elevaciones montañosas, desde donde se dominan inmensas regiones territoriales.[86]

Se presume que la región de Valle de Rosario fue uno de los lugares donde Arango incursionó desde los primeros años de 1900, construyendo una extensa base social entre esta población, en El Tule y Huejotitán. El señor Fidel Yáñez contó que sus ancestros habían sido propietarios del rancho de La Parra, ubicado en el municipio de El Tule, y que su abuelo, Chon Yáñez, había sido muy amigo de Villa, porque cuando éste andaba a salto de mata, huyendo de la acordada del estado de Durango, allí en La Parra se había escondido durante una buena temporada, y después en varias ocasiones.[87]

---

[86] En 1916, Villa permaneció dos meses oculto en una cueva de Valle del Rosario, después de que fue herido en las cercanías de ciudad Guerrero. Primero estuvo en la Cueva del Coscomate de la Sierra de Santa Ana del municipio de San Borja, pero ante la cercanía de las tropas de la expedición punitiva, se movió hacia el sur del estado permaneciendo en esta otra cueva hasta que se curó de la infección de la herida.

[87] Entrevista con Fidel Yáñez en el mes de febrero del año 2002.

En la misma entrevista platicó que por el año de 1919, dos de sus hijos: Francisco y Rodrigo, andaban participando en las "defensas sociales" y después de uno de tantos combates fueron aprehendidos por los villistas, pero antes de ser fusilados, dieron sus nombres, y cuando Villa tuvo conocimiento de quiénes eran les perdonó la vida y les dio salvoconducto para que no los aprehendieran en el camino. Pocos días después de este aconte-

El 20 de mayo de 1910, el jefe municipal de Santa Bárbara, Antonio Rodríguez, se dirigió por oficio al licenciado Jesús Lavalle, juez del Juzgado 1° de lo Penal en Parral, solicitándole se iniciara la averiguación del robo de 28 reses que había comprado Sidronio Derat y que se sospechaba habían sido robadas en Valle de Rosario. Entre los documentos que se recopilaron apareció un escrito elaborado a mano, en el cual un individuo, de nombre Antonio Flores, solicitaba permiso para conducir 28 reses de la Villa de Santa Bárbara. La fecha que apareció en este permiso fue el 20 de marzo de 1910, y antes de la firma del solicitante, se presentaba una descripción del ganado (se respeta la ortografía del documento original):

2 buelles pintos de osco
2 buelles granisos de negro
2 buelles moros
2 buelles pintos de colorado
3 buelles prietos
3 buelles colorado canario
1 baca bragada de colorado
1 baca colorada
2 bacas prietas
2 bacas oscas
2 bacas pintas de negro
1 buey osco rosillo
1 baca granisa de negro
2 buelles pintos de negro
1 buey barroso
1 buey prieto frontino

---

cimiento, y ya reincorporados a las "defensas sociales", los hermanos Yáñez participaron en la aprehensión del general Felipe Ángeles.

El registro de la operación había quedado inscrito en el libro de la jefatura de Valle de Rosario, y el comprobante lo había mostrado Elizandro Prieto, en representación de la señora Guadalupe Prieto, propietaria del rancho de Santa Rita, ubicado en ese municipio perteneciente al distrito Hidalgo, cuya cabecera era la ciudad de Parral.[88]

Las averiguaciones se iniciaron de inmediato, y entre los documentos se tomó en cuenta el permiso que solicitó Antonio Flores el 20 de marzo de 1910, para conducir las 28 reses de la villa de Santa Bárbara.[89]

Se buscó a Antonio Flores, pero no se le encontró porque solo había estado de paso en Santa Bárbara. Sin embargo, se logró saber que se había hospedado en casa de Jesús Vara, a quien se le citó de inmediato para que explicara cuál era su relación con Flores, mientras que al mismo tiempo se hizo comparecer a Sidronio Derat para que explicara la procedencia del ganado. Sidronio Derat declaró que le había comprado las reses a un individuo que había dado el nombre de Antonio Flores, quien había presentado

[88] La información correspondiente a este asunto se encontró en dos expedientes del juzgado primero de lo penal del distrito Hidalgo: el número 47, con fecha 23 de marzo de 1910, y el número 53, con fecha de mayo 23, 1910. En el primero de estos expedientes se recogieron las averiguaciones realizadas con motivo del incendio de la jefatura municipal de Valle de Rosario; en el segundo, se da cuenta de las averiguaciones en torno al robo de ganado en perjuicio de la señora Guadalupe Prieto viuda de Flores, propietaria del rancho Santa Rita, de Valle de Rosario. Aunque se trata de asuntos diferentes, se encontró que en las averiguaciones del incendio de la jefatura municipal intervinieron algunos de los personajes que después fueron señalados como cómplices de Villa en el robo de ganado, de tal manera que parte de esta información nos ayuda a complementar la del robo de ganado.

[89] El expediente judicial de este caso es bastante voluminoso: más de cincuenta fojas en total, en donde se incluyen todas las averiguaciones, así como las copias de varios documentos que sirvieron de prueba para determinar la culpabilidad de Francisco Villa.

todos los papeles en regla; no obstante, cuándo se le preguntó el precio que había pagado por cada una de las reses, dijo que no recordaba la cantidad.

Por su parte, Jesús Vara reconoció que Flores había estado alojado en su casa tres o cuatro días, pero que él no se había dado cuenta que hubiera realizado ninguna venta de ganado.

Sin embargo, en estos primeros interrogatorios surgió la clave para resolver el delito: Jesús Vara tuvo que demostrar la pertenencia de un caballo que se encontraba en su poder, declarando que se lo había regalado su cuñado. A la hora que le pidieron el comprobante, Vara mostró una carta firmada por Francisco Villa en la que estaba escrito lo siguiente:

Señor Jesús Vara:

Apreciable señor, la presente es con el fin de saludar a usted y a su familia, pues ya lo saludé ahora le digo lo siguiente: que le había enviado a aqui a Chihuahua pero aora le digo que no puedo estar seguramente en esta asta mayo yo despachare a petrita por ustedes viendo yo a esta por aora no se ofrece mas.

Ay le mando el certificado del caballo sin mas por aora. Francisco Villa.[90]

Con las declaraciones de Jesús Vara y los documentos en que aparece su cuñado con dos nombres, Antonio Flores y Francisco Villa, se determinó hacer un estudio caligráfico, y para ello se contrataron los servicios de Jesús Lugo y del señor José Murillo, quie-

[90] No he encontrado ningún otro documento de fecha anterior en el que se cite el nombre de Francisco Villa: éste es el primero y de alguna manera refuerza la hipótesis que he sostenido, en el sentido de que Arango no utilizó ese nombre antes de 1909. También es muy importante porque se demuestra que Villa escribía desde antes de la revolución.

nes determinaron que la letra de ambos documentos, el firmado por Antonio Flores para trasladar las 28 reses y el recado a su cuñado, firmado por Francisco Villa, habían sido escritos por la misma persona. El 25 de mayo de 1910, al mismo tiempo que se realizaban las averiguaciones por el robo de ganado en Valle de Rosario, en Chihuahua se giró otro exhorto, solicitando la aprehensión de Francisco Villa, también conocido como "Alfredo".

Ya se libraron en la comprensión de mi mando las órdenes conducentes a la aprehensión de Francisco Villa cuyo nombre es Alfredo, a quien exhorta el C. Jefe Político de Chihuahua, por los delitos de robo y homicidio; lograda su aprehensión se dará cuenta a esa superioridad.

Reitero a usted mis atenciones y debido respeto. –Libertad y Constitución. –San Isidro de las Cuevas, mayo 25 de 1910. –El jefe municipal. –Jesús Solis.[91]

Finalmente, el 23 de junio de 1910, el juez menor de Santa Bárbara firmó un oficio en el cual se hacía saber que se tenía la presunción de responsabilidad en el robo de ganado, y por lo tanto se solicitaba que se dirigiera exhorto al juez de lo penal en Chihuahua, para que se ordenara la aprehensión de Francisco Villa, quien radicaba en Santa Isabel, del distrito Iturbide. La media filiación que se elaboró fue la siguiente:

Estatura regular, grueso de cuerpo, color blanco, pelo y cejas de color castaño oscuro, ojos claros grandes, frente grande, nariz y boca regulares, barba poblada, se rasura y usa bigote color güero, casado, como de 28 años de edad, sin señas particulares visibles.[92]

[91] Este documento se encuentra en el Archivo Histórico del municipio de Parral, en las cajas de no clasificados.
[92] Ídem.

Ese fue el error que cometió Arango: firmar con el nombre de Francisco Villa. De esta manera, a mediados del año de 1910, el bandolero y futuro revolucionario era perseguido cuando menos por dos delitos: por el robo de ganado en Valle de Rosario, donde se le identificó como Antonio Flores, y por el homicidio que se menciona en este exhorto, donde se le identificó como Alfredo.

La transición del bandolero

Después de que las autoridades del estado de Chihuahua descubrieron la verdadera identidad de Doroteo Arango, en los meses siguientes, de julio a octubre de 1910, éste le dio un giro radical a su vida. ¿Cómo fue ese cambio por medio del cual "gorragacha", el bandolero sin identidad, se convirtió de la noche a la mañana en el Francisco Villa revolucionario?

Para responder esta pregunta es necesario recordar que en el estado de Chihuahua se habían acumulado muchas inconformidades sociales, unas provocadas por los fraudes electorales y la represión militar del gobierno de Porfirio Díaz, pero también porque los capitalistas locales habían monopolizado las actividades económicas, frenando el desarrollo de las clases medias rurales.[93]

[93] Al iniciarse los primeros años del nuevo siglo, los capitalistas chihuahuenses celebraban con regocijo el éxito económico de sus empresas; sin embargo, las cárceles se encontraban abarrotadas de gente pobre que robaba o que se rebelaba de diversas maneras contra el sistema porfiriano. Algunos grandes hacendados, llevados por la ambición de acaparar cada vez más tierras, invadieron las tierras de algunos antiguos ejidos de los pueblos y la inconformidad fue creciendo subterráneamente contra el gobierno representado por el dictador Porfirio Díaz, a quien se señalaba como principal responsable de todas las injusticias.

Un año antes de que Doroteo Arango fuera descubierto como el autor del robo de ganado en Valle de Rosario, en la capital de la república se había iniciado la lucha antirreeleccionista. El 22 de mayo de 1909 se fundó el "Centro Antirreeleccionista", que lanzó la consigna para la fundación de clubes a nivel nacional.

El 18 de junio de 1909 se fundó en la capital del estado de Chihuahua el "Centro Antirreeleccionista Benito Juárez", quedando Abraham González como su presidente. La lucha antirreeleccionista avanzaba, paulatinamente: el descontento era tal que no le quedaba de otra que estallar, como una válvula que contiene un flujo de potencia inconmensurable.

El 16 de enero de 1910 llegó a la ciudad de Chihuahua el señor Francisco I. Madero, candidato del Partido antirreeleccionista. Antes, Madero había estado en Parral, donde encontró el mayor entusiasmo por parte de la gente: fue un día de absoluta fiesta en aquella ciudad minera, donde casi todas las tiendas cerraron en manifestación de apoyo al candidato, y por todo el estado se dieron estas muestras de simpatía hacia el proyecto antirreeleccionista. Semanas antes de las elecciones se reconocía en los comunicados oficiales que el ambiente político se encontraba

---

Así, en estas condiciones de inconformidad social y de ceguera por parte de los capitalistas en el poder, se fueron gestando los primeros movimientos prerrevolucionarios, como el que tuvo lugar en Tomóchic durante 1891-1892, en Temósachic y Santo Tomás en 1893, y al entrar el siglo, el surgimiento del Partido Liberal Mexicano, que en 1906 organizó en Ciudad Juárez el primer intento de insurrección general.

Simultáneamente, se fue gestando el movimiento electoral que encontró su cauce a través del Partido Antirreeleccionista, encabezado por Francisco I. Madero. Durante la segunda mitad del año 1909, en el estado de Chihuahua se formaron clubes en las principales ciudades; de igual manera en algunos pueblos apartados de la sierra y de las llanuras como Batopilas, Moris y Guazapares, entre los primeros, y Ojinaga, Cuchillo Parado y Namiquipa, entre los segundos.

muy agitado debido al apoyo que había recibido Madero; así, por ejemplo, el 31 de mayo, el Gobernador interino José María Sánchez se dirigió al señor Enrique Creel, ministro de Relaciones, informándole que el jefe político del distrito de Hidalgo, Rodolfo Valles, se manifestaba muy temeroso del resultado de las elecciones en Parral, porque los maderistas se estaban moviendo con mucha actividad. Quizá por su conocimiento de la situación en el estado de Chihuahua y por su liderazgo, fue Enrique Creel quien se hizo cargo de ordenar la forma en que se tenía que proceder contra los "revoltosos.[94]

Porfirio Díaz fue declarado triunfador en todo el país, con 18,625 votos contra apenas 186 que se le reconocieron al candidato Madero.[95] Los porfiristas de Chihuahua calcularon que había pasado el peligro, que todo había quedado bajo control y con esa seguridad reprimieron a los empleados de gobierno y a los profesores que habían mostrado alguna simpatía hacia los antirreeleccionistas. No se dieron cuenta, ni el gobernador Sánchez ni el ministro Creel, que subterráneamente se había desarrollado una

[94] El gobernador Sánchez compartía esos temores, pero además le preocupaba Guerrero, a donde había enviado un refuerzo de cincuenta hombres bajo las órdenes del General Plata, sumando en total noventa al número de militares que se habían concentrado en aquel lugar para caso de emergencia.

En Guerrero, el hombre de confianza de Enrique C. Creel era Don Joaquín Chávez, quien durante más de veinte años se había distinguido por sus efectivos servicios para suprimir la inconformidad entre la gente de la sierra.

En una carta del 11 de junio de 1910, Enrique Creel recomendaba al Gobernador Sánchez, asignarle cincuenta hombres al Capitán Joaquín Chávez, quien debería ocuparlos como si fueran sus trabajadores "para no causar alarma", y al final de esta comunicación el Sr. Creel valoraba así la situación: "pues el distrito de Guerrero es donde pudiera haber algún riesgo, porque como usted sabe, allí hay muchos hombres de armas y resueltos cuando se comprometen en algún movimiento político".

[95] Recuérdese que en ese entonces las elecciones eran indirectas, es decir, por medio de electores que votaban en nombre de muchos ciudadanos.

gran inconformidad en los pueblos, no solo por el fraude electoral, sino también por los despojos de tierras.[96]

En estas condiciones empezaron a escucharse, cada vez con mayor fuerza, las arengas a favor de la lucha armada. El Plan de San Luis se dio a conocer en el mes de octubre, y como respuesta a la convocatoria revolucionaria, se formaron varios grupos, especialmente en aquellos pueblos donde el antirreeleccionismo se había expresado con más fuerza.

Desde semanas antes, entre agosto y septiembre de 1910, el periodista de Parral, José G. Rocha, y el líder antirreeleccionista del mismo lugar, Guillermo Baca, habían tenido una entrevista con Francisco Villa y algunos de sus compañeros, entre ellos Trinidad Rodríguez. Como resultado de esa entrevista, Villa había aceptado dialogar con Abraham González en la ciudad de Chihuahua y así lo hicieron.[97]

El jefe antirreeleccionista sabía que junto con Villa se podían integrar muchos otros jóvenes: compañeros del oficio bandolero, individuos de gran resistencia física, expertos en el manejo de las armas, en el manejo de la montura, capacitados para resistir en las peores condiciones las inclemencias del clima. En suma: hom-

---

[96] En Santa María de Cuevas, donde los indígenas se enfrentaron a la familia Benton, dueños de la Hacienda de los Remedios, por cuestiones de invasión de tierra a principios de junio de ese año; el caso de San Andrés o el del municipio de San Carlos, donde los vecinos enfrentaban rencillas contra el propio ministro de Relaciones Exteriores, propietario de la Hacienda Los Orientales.

[97] El nombre de Trinidad Rodríguez era muy conocido en todo el sur del estado. En los documentos judiciales del distrito de Hidalgo (Parral), su nombre había quedado registrado bajo la acusación de abigeato desde el 28 de enero de 1904. Varios años antes, entre 1890 y 1894, en el Periódico Oficial había sido publicada una querella interpuesta por el señor Tomás Rodríguez (padre de Trinidad), quien denunciaba el despojo de que había sido víctima por parte de las compañías deslindadoras.

bres con una tenacidad inquebrantable, hombres formados para luchar, para enfrentarse a los peligros de manera constante. Además, los abigeos tenían un conocimiento al detalle de todo el estado e incluso de algunas regiones de Durango, Sonora y Sinaloa. Respecto a la forma en que se inició la relación Villa y Abraham González, una de las fuentes más precisas se encuentra en las páginas del libro *El verdadero Francisco Villa,* de Silvestre Terrazas, que tuvo su origen en una larga serie de artículos que se publicaron en el Boletín de la Sociedad Chihuahuense de Estudios Históricos, durante la década de 1940.[98]

Terrazas explicó que Abraham González preparaba el movimiento armado, y que para ello buscaba a los elementos de mayor acción. Fue así que consideró la conveniencia de atraerse al por entonces ya muy conocido bandolero Pancho Villa, quien andaba constantemente a salto de mata debido a la persecución de las autoridades de Durango y Chihuahua.

Terrazas escribió:

Después de varias tentativas, Don Abraham logró al fin la promesa del posteriormente famoso estratega, de concurrir al local del "Club Antirreeleccionista" [...] Se fijó día y hora para la esperada entrevista"

Desconfiado como el que más, Villa concurrió a la cita, acompañado de uno de sus hombres de mayor confianza, el *Tuerto* Domínguez, llegando al obscurecer, sin encontrar a don Abraham. Esperaron en el amplio zaguán, en largo asiento de cantera y adobe, cubriendo sus rostros con grandes zarapes y tocados con enormes huicholes [...]

[98] A esta versión se le debe dar mucho crédito, porque en los momentos en que se inició el movimiento revolucionario, él se distinguió como el periodista de más prestigio en el estado de Chihuahua; también se le reconoció como uno de los primeros antirreeleccionistas y entre 1914-1915 como uno de los intelectuales más cercanos al general Francisco Villa.

Un rato después llegó el jefe del Antirreeleccionismo regional y más adivinando que viendo los dos bultos de enzarapados, entró calmosamente, dirigiendo un saludo colectivo a los visitantes.

En esta memorable entrevista se habló en términos generales de la insurrección que se preparaba y Villa, que como amigo era sincero, leal y servicial a manos llenas, contrariamente lo era como enemigo. Aceptó de plano coadyuvar al movimiento [...]

[...] A propósito de los conocimientos que tenía Villa del terreno, puso como ejemplo que este podía conducir una competente fuerza armada de Chihuahua a Mazatlán, Sinaloa, con los ojos vendados de noche y sin que ningún día les faltara agua, atravesando veredas solo por él conocidas, obteniendo entre los habitantes de aquellos lugares los elementos de sobrevivencia para toda su gente que lo acompañara y la caballada que llevaran.[99]

Según la información de Terrazas, el jefe del antirreeleccionismo en Chihuahua había intentado reunirse con Villa en varias ocasiones y éste se negaba. ¿Qué lo hizo cambiar de opinión?

Es muy probable que después de junio, cuando fue descubierta su identidad, la permanencia en Chihuahua se hubiera hecho cada vez más difícil para el futuro general. Terrazas no escribió nada sobre la fecha en que tuvo lugar el encuentro. Considerando que la muerte de Claro Reza estuvo relacionada con este hecho, puedo sugerir que dicha entrevista se realizó a principios de septiembre.[100]

---

[99] Terrazas, Silvestre. *El verdadero Francisco Villa*. 3ª edición. Gobierno del Estado de Chihuahua. México, 2009.

[100] Al respecto, Silvestre Terrazas afirma que este encuentro tuvo lugar en la ciudad de Chihuahua en el local del Club Antirreeleccionista de la ciudad, localizado en la calle Tercera No. 259, sin embargo, no ofrece referencia sobre la fecha. Ver *El Verdadero Francisco Villa*. página 13.

En el periódico *El Correo de Chihuahua* se publicó la nota de que Claro Reza había sido abatido el día 8 de septiembre. El director de este periódico era Silvestre Terrazas, quien seguramente ya estaba de acuerdo con Abraham González en los preparativos del levantamiento y también sobre los motivos que dieron lugar a la ejecución de Reza. Esa pudo ser la razón de que no haya publicado el nombre del autor del crimen. La nota apareció de la siguiente manera:

Asesinato de un agente de la policía

El jueves a las 10 de la mañana, este agente, expresidiario, que estaba comisionado por la Jefatura Política para aprehender o denunciar a unos abigeos, se encontraba platicando a las puertas del expendio de carne número 14, ubicado en la esquina que forman la avenida Zarco y la Calle 22, cuando desembocaron por aquel lugar tres individuos desconocidos, jinetes [...]

Cuando los montados vieron al agente de la policía, empuñaron sus pistolas y le dispararon algunos tiros, pegándole solamente tres balazos en distintas partes del cuerpo. Una vez que este se sintió herido, corrió a refugiarse debajo del puente de madera, que por allí cerca se encuentra.

Iba tal vez con deseos de defenderse, pero apenas tuvo fuerzas para llegar, cuando cayó exánime, empuñando la pistola que para su defensa portaba. Mientras tanto, los asesinos, sin que nadie les estorbara el paso, emprendieron tranquilamente el viaje, por la calzada que parte del costado izquierdo del Santuario de Nuestra Señora de Guadalupe.

Nosotros vimos los proyectiles que fueron extraídos del cuerpo y eran estos, dos balas de calibre 44 y el casco de cobre de una bala explosiva. Todas las heridas que recibió, eran igualmente mortales, pues cualquiera de ellas, por sí solas, hubiera causado inmediatamente la muerte. La edad de este individuo era de 35 años, de complexión robusta, nariz aguileña, ojos cafés, ceja y bigote negros, bastante poblados. Deja en la orfandad, aunque no en la última miseria a una viuda y varios pequeñuelos.[101.]

Por demás está decir que, ante el hecho consumado, se corrió la voz de por qué había sido asesinado Claro Reza y nadie más se atrevió a decir palabra de lo que sabía. Ese secreto, y los preparativos que al efecto se hacían en todo el estado, fueron guardados con tal escrupulosidad, que indudablemente determinaron el éxito del movimiento armado, que por entonces ya se preveía intuitivamente, aunque nadie podía decir palabra concreta alguna y mucho menos citar la fuente personal de donde hubiera tenido algún detalle. Así quedó registrada en la historia la primera acción de Francisco Villa revolucionario.[102]

Cinco semanas después, el 10 de octubre de 1910, tuvo lugar el asalto a la hacienda de Talamantes, ubicada en el municipio Valle de Allende. La información de este acontecimiento quedó registrada en telegrama que envió Enrique Creel al gobernador interino José María Sánchez, el 19 de octubre, notificándole que estaba enterado del asalto, pidiéndole que por el buen nombre del estado, se aplicara severo castigo a los bandidos.[103]

---

[101] *El Correo de Chihuahua*, 10 de septiembre de 1910.

[102] El historiador Francisco R. Almada indicó que Reza había sido sentenciado a la pena de cuatro años y ocho meses de prisión, juntamente con Pablo López y Jesús José Fuentes, por el robo de veintidós cabezas de ganado mayor, en julio anterior. Semanas después salió a la calle comprometido con el mayor Santos Díaz, jefe de la Policía Rural, a entregar a sus demás cómplices. Villa se sintió traicionado por Reza y lo mató. Ver: *Historia de la revolución en Chihuahua*, de Francisco R. Almada, tomo I, pp. 170-171.

[103] Se trata de cuatro cartas muy breves que encontré en una colección de copias fotostáticas con documentos de la revolución en el estado de Chihuahua.

En los primeros días no se supo nada de la identidad ni el número de los asaltantes. El gobernador Sánchez informó a Creel que habían sido aprehendidos algunos, pero pasaron varias semanas sin que se proporcionara nueva información al respecto, hasta que el 22 de noviembre Creel le escribió nuevamente a Sánchez, reprochándole sutilmente que no había sabido nada de los criminales.[104]

Muy estimado y fino amigo:

Alguna persona bien informada me dio la lista que incluyo y que contiene los nombres de algunos de los asaltantes de la hacienda Talamantes. Yo no sé si esos criminales habrán sido aprehendidos.

Soy de usted, afectísimo, amigo y S. S.

Enrique C. Creel.

Memorando para el ciudadano gobernador de Chihuahua:

Con motivo de un robo que hubo hace algún tiempo en la oficina de Correos del Oro, estado de Durango, mandé al inspector Ascensión Barraza a practicar algunas averiguaciones, y entre otras cosas

---

[104] Enrique Creel se convirtió a finales del siglo XIX en el líder de los capitalistas del estado de Chihuahua, cultivando gran amistad con el presidente Porfirio Díaz. En 1904 empezó a incursionar en la vida política como diputado al Congreso de la Unión, ese mismo año fue nombrado gobernador interino del estado de Chihuahua, sustituyendo en el cargo al general Luis Terrazas. Al iniciarse el año 1907, ocupó durante unos meses el cargo de embajador de México en Estados Unidos. A mediados de ese año se regresó a Chihuahua para participar en las elecciones, siendo electo gobernador para el periodo de 1907 a 1911. En octubre de 1909 sirvió de intérprete en la conferencia de Porfirio Díaz y el presidente de los E.U. William Taft. Meses después recibió el cargo de ministro de Relaciones Exteriores, dejando en su lugar a José María Sánchez. A mediados de 1910, después de que se iniciaron los conflictos electorales en el estado y luego de las primeras acciones revolucionarias, Creel se convirtió en el interlocutor del gobernador Sánchez y de los jefes políticos del estado.

me dice que el telefonista de San Juan de Eredia le informó que los nombres de los que capitaneaba a la cuadrilla que asaltó a la hacienda de Talamantes son los siguientes: Anselmo Solares y Trinidad Rodríguez.[105]

El 31 de octubre de 1910, Pascual Orozco (h) visitó la ferretería de los señores Krakauer, Zork y Moye, en Chihuahua, para comprar una excelente carabina; con tal motivo, uno de los principales dependientes, el Sr. Jesús Elías, amigo suyo, le preguntó con la debida reserva, "si ya se iba a pelear por Madero", a lo que el futuro héroe respondió: "Yo no voy a pelear por Madero, sino por los derechos del pueblo". Esta anécdota se repitió una y otra vez entre los descendientes de Orozco, y trascendió en el tiempo hasta llegar a nosotros.

Antes de acudir a comprar su carabina, Pascual Orozco había celebrado una reunión con Abraham González, en la cual éste le informó que había sido designado jefe de la revolución en el distrito de Guerrero.

El día 19 de noviembre de 1910 se reunieron en el pueblo de San Isidro 41 elementos de la localidad, casi todos ellos jóvenes relacionados entre sí por lazos de parentesco y amistad. Se trataba de tomar los últimos acuerdos para iniciar la revolución. Al día siguiente, 20 de noviembre, regresaron a San Isidro con el fin

---

[105] Este mensaje lo envió Creel siete semanas después del asalto a la hacienda de Talamantes y solo se había obtenido el nombre de los supuestos jefes de la banda. El gobernador Sánchez no había avanzado nada en la investigación, pero además es de notarse que tres días antes de este comunicado, el 19 de noviembre, se habían iniciado las acciones de la revolución convocada por Madero, y en la carta de Creel no se hace ningún comentario al respecto. De acuerdo a las notas de la prensa de la capital, el gobierno de Díaz no le prestó ninguna importancia a la convocatoria de Madero y tanto el presidente como sus principales colaboradores asumieron que se trataba de un incidente pasajero.

de asaltar la casa del Capitán Joaquín Chávez, donde sabían que permanentemente se contaba con buena dotación de carabinas y parque.

De San Isidro, el grupo se movilizó a Ciudad Guerrero, amagando a las fuerzas federales del Capitán Ormachea, quien contaba con un escuadrón de línea y cien voluntarios organizados por el jefe político, Urbano Zea.

Ese mismo día, 20 de noviembre de 1910, y como ya se venía previendo en el ánimo popular, se levantaron en armas decenas de grupos en diversos pueblos de la sierra y las llanuras chihuahuenses. Los movía un objetivo común: la lucha por la sistemática injusticia que permeaba en todos los niveles de la vida del ciudadano de a pie durante el porfirismo.

PARTE VI.

Francisco Villa:
El bandolero revolucionario

Durante los primeros días de noviembre, Villa recorrió varios poblados del municipio de Riva Palacio (San Andrés), donde se le unieron varios compañeros de confianza. Aprovechando que ya tenía un contingente numeroso, decidió ejecutar un nuevo golpe contra las autoridades porfirianas. Francisco R. Almada narra esta acción de la siguiente manera:

> Francisco Villa se dedicó a invitar a sus amigos personales de confianza para que participaran en el movimiento revolucionario que estaba por iniciarse. La situación irregular en que se encontraba por la ejecución de Reza, lo había obligado a remontarse en la sierra del Barril, municipio de Riva Palacio y allí formó un núcleo como de treinta hombres armados, entre los que se contaron Eleuterio Soto, José Sánchez, Feliciano Domínguez, Tomás Urbina, Pánfilo Solís, Lucio Escárcega, Antonio Sotelo, José Chavarría, Andrés Rivera, Jesús José Fuentes, Leónides Corral, Eustaquio Flores, Genaro Chavarría, Bárbaro Carrillo, Cesáreo Solís y Zeferino Pérez.
>
> El 15 de noviembre se reconcentraron en la sierra de La Estacada y dos días después, al frente de una sección de ocho hombres, se dirigió al Rancho de Chavarría, perteneciente al mismo municipio, con el propósito de obtener algunas provisiones de boca y lograr noticias sobre una probable organización de gente armada para

141

perseguirlos, de acuerdo con la policía rural de Riva Palacio. Fue resistido por el administrador Pedro Domínguez entre una y dos de la tarde del día 17, quien trató de oponerse a los designios de Villa, habiendo resultado muertos Domínguez, un sirviente llamado Remigio Rivera y uno de los asaltantes llamado Bartolo, cuyo apellido no pude recoger.[106]

En esos días, el gobernador interino, José María Sánchez, ordenó que se catearan las oficinas del Centro Antirreeleccionista y se suprimiera su órgano de difusión *El Grito del Pueblo*. Fueron aprehendidos los licenciados Aureliano S. González, Tomás Silva y Pascual Mejía, José de la Luz Navarro, Ambrosio Escudero y otros. Algunos integrantes del Centro antirreeleccionista abandonaron la capital, dirigiéndose a los pueblos periféricos del interior del estado.[107]

Antes de estas acciones, Abraham González había decidido abandonar la capital del estado, pasándose al territorio de Estados Unidos. Esta acción no quedó registrada formalmente en la historiografía; sin embargo, hay datos que permiten sugerir que salió secretamente a Ojinaga, protegido por el contingente de Cuchillo Parado al mando de Toribio Ortega, y de ahí se cruzó la línea divisoria.

[106] Almada, Francisco: *La revolución en Chihuahua* Tomo I. Biblioteca del Instituto Nacional de Estudios Históricos de la Revolución Mexicana. México, 1964.

[107] Cástulo Herrera, el Ing. Francisco Vázquez Valdez, Alberto Chacón, Antonio Ruíz y Zeferino Pérez, salieron en dirección a la Sierra Azul; rumbo a los municipios de General Trías y Riva Palacio salieron Santos G. Estrada y José Dolores Palomino, por esos mismos rumbos salió Máximo Castillo acompañado de su hermano Ricardo; Guadalupe Gardea levantó algunos hombres en la Sección de Chuvíscar y el Profr. Gaspar Durán lo ejecutó igualmente en Calabacitas.

En relación con esto, Francisco Villa aportó algunos datos, aunque la fecha no coincide: él se refiere al 17 de noviembre, mientras que González había dejado la ciudad desde una semana antes de la fecha acordada para iniciar la revolución, es decir, desde el día 13 de noviembre.

> El señor Abraham González fue a comer conmigo el 17 de noviembre en la casa de la calle 10a No. 500, donde tenía 15 hombres armados y montados, pagados éstos de mi propio peculio, al separarse de mí, después de la comida me dice con estas palabras: "Yo me voy al norte a Ojinaga y ustedes al sur de Chihuahua organizando las tropas que pueda organizar, esperando que cumplirá usted con su deber y que no defeccionará hasta morir o triunfar la causa que perseguimos", despidiéndose de mí con un tierno abrazo.[108]

Después de varios días de actuar por su propia cuenta, el 19 de noviembre en la noche Villa se reunió en la Cañada de Tena, cerca de la ciudad de Chihuahua, con un grupo de revolucionarios y con Cástulo Herrera, que había sido designado por Abraham González como el responsable de la revolución, mientras él permaneciera fuera del estado. Uno de los que estuvieron reunidos escribió, años después, su versión de los hechos:

> El día 19 estábamos en la cañada de Mena, punto de reunión. Rendí informe de mi comisión al señor Cástulo Herrera, que reconocíamos como jefe superior. Al señor Herrera lo acompañaban veinte hombres y esperábamos al señor Francisco Villa.

[108] Hoja de Servicio de Francisco Villa de 1910, del día 4 de octubre al 17 de noviembre. Archivo Histórico de la UNAM. Fuente: MLG. Sección: Historia de la Revolución Mexicana. Subsección: Mats., para la investigación. Serie: Personajes y hechos. Año 51. Caja 100. Expediente 3. Fs. 40.

Entre los que nos hallábamos allí se oía decir que ese señor Villa era muy valiente, que era un bandido famoso y que traía alguna gente. Al oír yo mentar el nombre de Villa y de bandido, sentía frío y estremecimientos; y me decía a mí mismo: "¿Será posible que haya venido a formar parte con bandidos? En fin, suceda lo que suceda, ya estoy aquí."

Se pasó el día. Al oscurecer llegó un individuo; manifestó al señor Herrera que a las diez de la noche Villa llegaría acompañado de cuarenta hombres. Luego se corrió la voz: "¡Ahora sí ya viene Villa!". Al oír mentar tantas veces su nombre sentía asombro; pensaba ver un hombre feroz, pues nunca había conocido un capitán de bandidos, y como su fama de asesino era muy vulgar, me causaba horror; me sentía avergonzado de hallarme entre esa clase de gente.

A las nueve o diez de la noche empecé a oír por el cañón un gran rumor como de mucha gente montada. Pocos minutos después oí ya más claramente hablar y ruido de sables, ya más cerca, al grado de que oía claramente una discusión tabernera, no como de un hombre borracho o indignado. Era Villa que llevaba enfuriado a uno de sus hombres como queriéndolo desarmar. Tal fue mi sorpresa, que al escuchar esas demostraciones se apoderó de mí tan gran terror que sentía flaquear mis piernas. Me era imposible poder contenerme.

A pocos momentos se acercó a la lumbre donde yo estaba. Saludó muy cortés. Nos acercamos a él y con la luz de la lumbre pude verle la cara: risueño, muy afable. Luego desapareció de mí la impresión; ya vi que no era como me lo imaginaba.

Comenzó a platicar con el señor Herrera y demás jefes. Trataron de las operaciones que se debían verificar con motivo de haberse reunido la mayor parte de la gente allí, como estaba acordado, para atacar la ciudad de Chihuahua.[109]

[109] Vargas Valdés, Jesús. *Máximo Castillo y la revolución en Chihuahua*. Gobierno del Estado de Chihuahua. México, 2009. pp. 125-126.

De acuerdo a la versión de Castillo, entre algunos de los alzados se consideraba la idea de que se iba a intentar una acción armada en Chihuahua; sin embargo, no se consideró factible y decidieron avanzar sobre San Andrés. Salieron en la tarde del día 20 de noviembre y al amanecer sitiaron el pueblo, pero la guarnición había abandonado la plaza junto con las autoridades civiles.

En su hoja de servicios, el general Villa describió la entrada a San Andrés en las siguientes líneas:

En la noche del mismo día en la marcha con los quince hombres que me acompañaron a la Sierra Azul, donde tenía pensado organizar las tropas, allí me establecí cinco días, reuní una parte de gente de San Andrés, otra del pueblo de Santa Isabel, otra de la Ciénega de Ortiz, en estos referidos puntos se me alcanzó a unir 375 hombres y con éstos bajé de la sierra a tomar el pueblo de San Andrés, en la noche del mismo día del mes, habiéndose retirado la fuerza que guarnecía esa plaza, por lo que no encontré resistencia, me ocupé en nombrar las autoridades al verificar mi entrada, eran las 9 1/3 de la mañana cuando escogí 15 hombres valientes y de armas, es decir, gente conocida cuyos nombres de algunos son: Eleuterio Soto, Jesús Sánchez, Leonides Corral, Bárbaro Carrillo, Cesario Solís, José Chavarría, Eustaquio Flores, Feliciano Domínguez y otros que me es difícil recordar pero el total de ellos eran 15 hombres; marché con ellos a la estación, pues a las diez del día era la hora que llegaba el tren de pasajeros de Chihuahua y esta escolta la llevaba dedicada para ver qué traía el tren.[110]

[110] Hoja de Servicio de Francisco Villa de 1910, del día 4 de octubre al 17 de noviembre. Archivo Histórico de la UNAM. Fuente: MLG. Sección: Historia de la Revolución Mexicana. Subsección: Mats., para la investigación. Serie: Personajes y hechos. Año 51. Caja 100. Expediente 3. Fs. 40.

El grupo deliberó cuál sería el siguiente paso. Se decidió que un contingente se dirigiera a la estación del ferrocarril a ver qué movimiento se hacía. Francisco Villa fue el comisionado para encabezar el grupo. Se posesionaron de unas hileras de leña en la oficina de la estación y ocultaron las armas. A pocos minutos llegó el tren: venían trescientos federales. En los momentos en que empezaban a pararse, rompieron el fuego sobre ellos. Inmediatamente se movió el tren y se retiraron sin hacer resistencia. Otro día se supo, por informes de los pasajeros, que habían muerto el jefe coronel Yepes y ocho soldados.

Llegando a la estación se oyó el silbido del tren, los puse en línea de tiradores y al pararse el tren en la estación, sucedió que iba el 12º Batallón en dicho tren, al mando del teniente coronel Yepiz, los cuales se batieron conmigo, habiendo muerto el teniente coronel en dicha batalla y algunos de los soldados, cuyo número no puedo prestar, mirando los capitanes que quedaban de dicho Batallón, que se acercaba la gente a presentarme auxilio, porque me encontraba en esos momentos muy abatidos, exigieron al maquinista que me pusiera la máquina en movimiento, se retiraron y se fueron hasta la hacienda de Bustillos llevándose sus muertos y heridos, en el referido tren. Me regresé al pueblo, se ordenaron las avanzadas con precauciones al ver si se volvía el Batallón a batirnos, pero no sucedió así, permanecí dos días más en el pueblo e hice mi marcha en cuarto día para el pueblo de Santa Isabel.

Puse el sitio en la noche, y en la mañana cerré el sitio tomando el pueblo sin encontrar ninguna resistencia, comencé a poner las autoridades, habiéndome pasado ahí ese día; el siguiente día organicé hasta completar quinientos hombres, los cuales llevaban armas de su propiedad, siendo ellas de diferentes calibres y sistemas, mirándome con este número de gente, marché rumbo a

Chihuahua, habiendo llegado ese día de mi marcha hasta el rancho de los Escuderos, distante cuatro leguas de Chihuahua.[111]

Después del triunfo en la estación de San Andrés —ahora Riva Palacio—, el siguiente combate encabezado por Francisco Villa fue el día 27 de noviembre en el punto conocido como El Tecolote, lugar muy cercano a la capital del estado. En esta ocasión el resultado fue desastroso para los revolucionarios, quienes perdieron toda la caballada y algunos elementos muy importantes como el jefe Santos Estrada, Antonio Orozco, Eleuterio Esparza, Dionisio Chávez, Nazario Ruiz, Leónides Corral, Matilde Piñón, José Ruiz, Julián Armendáriz, Santos Jáquez, Manuel Reza y Francisco Méndez.

Se establecieron las avanzadas de costumbre, habiendo pasado ahí esa noche, otro día ordené una avanzada de veinte hombres, al mando de Antonio Orozco y de Guadalupe Gardea, que fungía, el 1° con el grado de capitán 2°; y el segundo el grado de capitán 1°, con la consigna de hacer la exploración rumbo al Cerro Grande, y yo escogí 23 hombres para hacer una exploración a los ranchos que llevan por nombres los Rejones, habiendo pasado de los dichos ranchos, hasta acercarme media legua de la capital del estado de Chihuahua, habiéndome detenido en unos cerros a explorar con el anteojo a la población que se dominaba perfectamente. Cuando me encontraba en dicha exploración me dijo Feliciano Domínguez, que fungía como capitán ayudante: "Mi coronel, se oyen tiros en El Tecolote", cuyo punto dista tres cuartas partes de legua del lugar en donde nos encontrábamos, ordené que montaran a caballo inmediatamente y marché al bajío del Tecolote, y al enfrentar un rancho

[111] Ídem.

que lleva por nombre Las Escobas, me dijo Eleuterio Soto, que fungía como teniente coronel y 2° jefe de las fuerzas que comandaba bajo mis órdenes. "Haga alto, y vea mi coronel cómo está el bajío del Tecolote", ante el cual se distinguía la brigada que militaba bajo las órdenes del general Juan J. Navarro, cuyo número no pude precisar, pero según mis cálculos y datos que adquirí después, su número ascendía a ochocientos de las tres armas. Yo que andaba cumpliendo con mi deber, pero sin ser conocedor de la guerra, me tomé el atrevimiento de entablar combate con la brigada de dicho general, pues ningún hombre de conocimientos militares lo había hecho, tomé posesión del cercado norte de dicho bajío y empezó a avanzar el 2° Batallón sobre nosotros, habiéndose entablado un combate hasta que nos llegamos a ver a una distancia de diez pasos, unos de otros; mirándome yo cercado de tropa, me decidí a salirme del cerco porque comprendí que tendríamos que sucumbir todos sin provecho de ningún género, pues los caballos habían puesto todos, me arrojé con mi gente rompiendo el cerco por la parte del norte, habiendo muerto 9 de las 23 que llevaba, logrando salvar el resto, de los que íbamos dos heridos, yo con la pierna izquierda perforada y José J. Fuentes con un balazo en un brazo, logrando escapar todos por la mala disposición del general en jefe de las fuerzas contrarias, pues si dicho jefe destaca en nuestra persecución en un escuadrón de sus caballerías, no hubiera ni uno de nosotros con vida.

Mirándome fuera de peligro, un muchacho que se me acercó me echó en las ancas y nos fuimos a unir con el resto de mi tropa, en esos momentos hice el movimiento para arriba de la Sierra Azul, habiendo pasado la noche en dicha sierra. (Este encuentro tuvo lugar el día 28 del mismo mes, empezando como a las 10 de la mañana y terminando a las 12 un poco más o menos.)[112]

[112] Ídem.

Después de este fracaso, y mientras ignoraba el dolor que le provocaba la herida que recibió en la pierna, Villa entró secretamente a la ciudad de Chihuahua en compañía de Feliciano Domínguez y Eustaquio Flores. Los revolucionarios compraron azúcar, café y regresaron al campamento con dos mulas bien cargadas de alimento para la gente.

De ahí se dirigieron al pueblo de San Andrés, donde buscaron alojamiento, al mismo tiempo que forraje para la caballada y alimentos para la tropa. Encontrándose en este lugar, recibió Villa un telegrama desde ciudad Guerrero, donde Pascual Orozco (h) le decía: "Acabo de tomar esta plaza, véngase para ver en qué le puedo ayudar de municiones". Villa aceptó la invitación en el acto. El futuro general marchó con su tropa, y después de tres días de camino, tres días en los que echaron mano de la ya mencionada resistencia del abigeo, llegaron a Ciudad Guerrero, donde fueron recibidos con grandes demostraciones de simpatía, tanto por los vecinos como por Pascual y sus fuerzas. Era casi un día de fiesta: todo el pueblo celebraba la derrota de los porfiristas.

Voluntariamente, muchas familias les ofrecieron alojamiento arreglando sus casas en las mejores condiciones para que descansaran. Sin embargo, al ver los sacrificios que tenía que hacer la gente, Villa y los demás jefes revolucionarios decidieron levantar campamento fuera de la población.

Al día siguiente por la noche, se reunieron Pascual Orozco (h), Francisco Salido, Cástulo Herrera, José de la Luz Blanco y Francisco Villa, y decidieron atacar la columna del general Juan J. Navarro, que en ese momento se encontraba estacionada en San Nicolás de Carretas. Salieron todos al amanecer, pero como no se sabía hacia dónde iban a dirigirse los porfiristas, acordaron avanzar en la misma dirección todos los contingentes revolucionarios, pero a diferentes distancias, todos en común acuerdo de comunicarse con los demás en cuanto se avistara al enemigo.

A las ocho de la mañana (11 de diciembre) Francisco Salido y yo descubrimos la columna del general Navarro, antes de entrar al pueblo de Cerro Prieto, rápidamente ordenamos a nuestra fuerza de posesionarse del cerro que queda al suroeste de dicha población y del cual se domina perfectamente el caserío, trabándose en el acto un combate formal, entre las fuerzas que comandaba Francisco Salido y yo, que formaban la vanguardia de grueso de nuestra columna, que se formaba de mil quinientos hombres poco más o menos, con la vanguardia de la división de Navarro, durante este encuentro poco más o menos como tres horas y media en cuyo término nos encontrábamos en situaciones apremiantes cuando llegaron las caballerías de Pascual Orozco (h), y entonces el jefe Salido, que oyó tocar reunión a los federales, salió de un peñasco que le servía de trinchera con el objeto de reanimar a su gente, cuando una bala de granada le destrozó el pecho dejándolo sin vida y entablándose en el llano una terrible carnicería, cuerpo a cuerpo. En ese tiempo me fue imposible a mí, Francisco Villa, que era el único jefe que quedaba arriba, prestar auxilio tanto porque mi caballada la había dejado en la parte sur del cerro, cuanto porque en organizar mi gente y sostenerme con la infantería y la artillería de Navarro, me encontré imposibilitado de poder defender al llano en que se batía Orozco, habiendo tenido innumerables bajas que desconcertaron a mi gente y que a no ser por la llegada de Orozco, hubiéramos sido derrotados y dispersados

Orozco tuvo muchas bajas y se retiró con la gente que le quedaba a la falda de la sierra; aprovechando yo esta oportunidad para recoger las armas de mis muertos y así como a los heridos y retirarme con el relativo orden.[113]

[113] Ídem.

Cerro Prieto representó el mayor fracaso de esa primera etapa de lucha contra la dictadura. Allí murieron casi la mitad de los revolucionarios de San Isidro, grupo que originalmente estaba formado por 41 vecinos, en su mayoría jóvenes.[114]

Esta derrota dejó una profunda huella en todos los que siguieron en la lucha, porque el ejército federal, bajo la dirección del general Juan J. Navarro, cometió actos criminales contra la población desarmada y contra 21 prisioneros que quedaron copados, sin parque y sin posibilidades de romper el cerco, quienes se rindieron minutos después sin pensar que serían pasados por las armas.

Poco antes de las doce de la noche de ese mismo día, se encontraron Orozco y Villa en el rancho La Capilla, a la falda de la sierra. Estando ahí, Pascual Orozco recibió un correo procedente del pueblo de Santa Isabel, donde le comunicaban que de Chihuahua había salido una escolta de cincuenta hombres de caba-

---

[114] Juan Gualberto Amaya, en *Madero y los verdaderos revolucionarios de 1910*, escribió:

> En esta aventura de Salido le acompañaban Epifanio Coss con la gente de Ranchos de Santiago, El Rosario y Páramo; José de la Luz Blanco con el grupo de Santo Tomás; José Rascón de Agua Caliente; Rufino Loya, Agustín Estrada y otros con contingentes de otros lugares del propio municipio de Guerrero. Sin embargo, todos estos grupos apenas llegaban a 250 hombres o sea uno contra cinco de los que llevaban la ventaja de las armas y estar "aparapetados", mientras los de Salido entraban al descubierto hasta lograr algún pequeño parapeto accidental.
>
> El coraje de Salido y su inexperiencia lo impulsaron valiente y temerariamente a atacar formalmente al enemigo, y no como le había recomendado Orozco que se empeñaba en reunir toda la gente posible para el ataque formal y que él (Salido) sólo los amagara mientras tanto.

Amaya no incluyó en su lista la presencia de Francisco Villa y su contingente.

llería custodiando diez mulas cargadas de parque, con destino al campamento del general Navarro. De común acuerdo resolvieron los dos jefes que Villa marcharía a Santa Isabel mientras que Orozco permanecería en la región de Guerrero, coordinando a todos los grupos.

Cuando Villa escribió en su hoja de servicios esta reunión con Orozco fue muy reservado en su comentario, pero se puede sugerir que la reunión dio lugar a una reclamación de parte de Orozco por no haberse comunicado con él, justo como habían quedado, para preparar todos juntos el ataque contra los federales. La derrota y la muerte de muchos compañeros de Orozco en la batalla de Cerro Prieto, fue a causa de una indisciplina. ¿Cómo podría explicarse el comportamiento de Villa en este hecho? Tal vez a partir de lo que había sido su experiencia de bandolero, donde solo había un mando que no necesitaba coordinarse con nadie más. Así lo demostraba su experiencia como jefe, donde había aprendido a decidir, ateniéndose únicamente a sus propios conocimientos y cálculos estratégicos.

Algo parecido había sucedido el 20 de noviembre, cuando el exbandolero se encontró por primera vez con Cástulo Herrera, quien había recibido la jefatura revolucionaria de parte de Abraham González. En aquella ocasión, Villa no aceptó esa autoridad, probablemente al constatar que Herrera no sabía nada de armas de combate y el revolucionario optó por actuar por su cuenta.

Encontrándose en San Andrés, recibió noticias de que otro contingente federal se aproximaba. De manera intempestiva intentó emboscarlos, pero por falta de información, se enfrentó a un número muy superior de enemigos y tuvo que replegarse, perdiendo armas y caballos. Se dirigieron a un lugar conocido como Las Playas, localizado en la parte más alta de la sierra. Como muchos habían perdido sus caballos, Villa, echando mano de las tácticas bandoleras, ordenó a algunos de sus hombres que salieran a la hacienda de Corral de Piedra, propiedad de los Cuilty, y recogieran toda la caballada que encontraran. Regresaron con más de cuatrocientos caballos. La gente se entusiasmó y cada quien fue escogiendo el suyo, aunque no traían nada: solo unos cuantos traían cabestros, a otros les hicieron cabestro con soguillas de palma, o de cueros de las mismas reses que habían matado para subsistir en ese tiempo, "quedando formada toda una chinaca en pelo".

Tomaron rumbo hacia el sur del estado. Cuando pasaron por Satevó, sorprendieron a un destacamento de cincuenta rurales, a los cuales les quitaron armas, caballos y monturas; algunos de ellos prefirieron unirse con Villa antes que perder sus caballos. Permanecieron ahí ocho días para reponerse y cuando estuvieron bien surtidos siguieron su camino.

Llegaron a la gran hacienda de Santa Gertrudis, donde fueron tratados con todo tipo de consideraciones por el administrador, quien les abrió las trojes de maíz, para que le dieran de comer a la caballada, ordenó a sus vaqueros que bajaran de las mejores reses para la tropa y que en las casas de la cuadrilla de trabajadores se pusiera nixtamal en todas las ollas, para que las mujeres hicieran tortillas. Por último, le suplicó a Villa que junto con la oficialidad bajo su mando aceptaran un lugar en su mesa.

Así permanecieron tres días; luego pasaron por el mineral de Naica, donde fueron recibidos por los mineros con grandes demostraciones de simpatía y cariño; les expresaron frases de admiración por la causa. Sin que Villa le pidiera nada, el gerente general aportó $2500.00 como apoyo para la causa, una muy buena cifra en aquella época. Como la tropa andaba muy necesitada, de esa cantidad se tomaron $1500.00 para comprar ropa en la tienda de la empresa que estaba muy bien surtida.

De Naica se dirigieron a Camargo con la intención de tomar la plaza. Se organizó a la gente para el ataque, se le envió un correo al jefe de las Armas y a los principales comerciantes, advirtiéndoles que iba a tomar la ciudad, pero que antes les daba de plazo hora y media para que resolvieran si la entregaban o entraba a tomarla, haciéndolos responsables en el segundo caso de la sangre que se derramase. Le respondieron que, si tenía valor y elementos, pasara a tomarla y en el acto se lanzaron al ataque, tomando la población después de unas horas de combate.[115]

En la tarde recibieron aviso de que se aproximaba una fuerza federal proveniente de Chihuahua, y las fuerzas decidieron retirarse sin tener el tiempo necesario para reponerse de las fatigas acumuladas después del combate.

En el pueblito de la Boquilla, lugar donde se estaba construyendo una presa, había una guarnición de 25 hombres al mando de un comandante, todos pagados por la compañía. Las tropas rebeldes los tomaron por sorpresa, quitándoles las armas en el acto. En las obras trabajaban más de tres mil operarios; había buen mercado y tiendas de ropa más que solventes. La gente comió en los hoteles de la compañía y la oficialidad en la casa del gerente, quien ordenó que se les entregaran $4000.00 en ropa, con la que se completó de equipar a toda la gente que faltaba. Además de los 25 rifles de la pequeña guarnición, se apoderaron de otras armas que tenían algunos de los empleados. Permanecieron tres días y, antes de retirarse, Villa le preguntó al gerente a

---

[115] Esta batalla tuvo lugar el 27 de febrero. El coronel José Martínez Valles escribió en su testimonio *Revolucionarios de Camargo* que el 28 de febrero, con un ejército integrado por más de seiscientos revolucionarios, Villa había atacado la ciudad defendida por federales, rurales y voluntarios. Agrega que de ahí partieron hacia el pueblo de Boquilla donde permanecieron hasta el 3 de marzo.

cuánto ascendía el gasto que habían originado para extenderle un pagaré, que él podría cobrar al triunfo de la revolución. Respondió el gerente que lo dejara por cuenta de la compañía como ayuda a la causa que tan noble y honradamente defendían.

Pasaron por Valle de Zaragoza, sin entrar a la población, porque tenían conocimiento de que la guarnición que la defendía era muy numerosa y bien fortificada. De cualquier manera, Villa mandó decir a la guarnición que saliera a batirse fuera de la población, cosa que rechazaron, y enseguida condujo sus tropas hasta el pueblo de Santa Cruz del Padre Herrera,[116] donde acondicionaron el campamento. Villa, mientras tanto, hacía una visita a la ciudad de Parral, con el fin de conocer las condiciones estratégicas en que estaban colocados los cuarteles, así como las fortificaciones que pudieran tener. Informó a sus oficiales de su plan y en compañía de los capitanes Albino Frías y Encarnación Márquez, salió en la madrugada a Parral. A las seis de la mañana llegó a un rancho que era propiedad de su amigo Juan Ramírez, donde pasó el resto del día. Escondieron los caballos y le pidió a su amigo Ramírez que le consiguiera unos burros cargados de carbón y en el centro de cada costal se ocultara el rifle de cada quien.[117]

Llegando a Parral, se refugiaron en la casa de su comadre, Librada Chávez, donde revisaron la ubicación de los cuarteles: uno estaba junto a la estación, otro en el rastro y el tercero en el mesón de Jesús. Después de cumplirse la misión, fueron a recoger los caballos, sin darse cuenta que ya los había delatado un

---

[116] Según el coronel Martínez Valles, fue el 6 de marzo cuando tomaron el poblado de Santa Cruz de Herrera y el día anterior habían pasado por Valle de Zaragoza.

[117] Es necesario redactar una nota para informar que Albino Frías era un muchacho, hijo del señor Albino Frías, jefe de la revolución en el pueblo de San Isidro, quien después pasó el mando a su yerno P. Orozco (h).

individuo llamado Jesús José Bailón, quien se había presentado ante el jefe de las armas, informándole que en el rancho del Tarais había visto tres magníficos caballos, que a su parecer pertenecían a jefes revolucionarios de elevada graduación. Entre esos jefes, Bailón creía reconocer a Francisco Villa, quien operaba por esos rumbos de manera relativamente pública. Esto dio lugar a que el jefe militar destacara 150 dragones del 7° Regimiento para que los aprehendieran. Los militares acudieron a la casa de Ramírez, que se componía de una sola pieza de piedra, sin más salida que la puerta de entrada. Ahí tuvo lugar una refriega que casi le costó la vida a Villa, quien contó el incidente en su hoja de servicios:

Estábamos juntos Albino Frías y yo, el otro capitán estaba dando forraje a los caballos, siéndole a éste más fácil la manera de escaparse al ver el cerco que nos formaban y al oír los disparos que nos hacían para amedrentarnos y obligarnos a la rendición, lo que no lograron, porque al vernos Albino y yo casi perdidos, resolvimos lanzarnos fuera de la casa, llevando en la mano derecha el revólver y en la izquierda la carabina y resueltos a vender cara nuestras vidas logramos romper el cerco y huyendo sin sufrir más lesión que un ligero rozón de bala en la frente sobre la ceja derecha, no obstante el nutrido fuego que nos hacían, siendo muchos de ellos casi a quema ropa, pero logrando escapar e internándonos a la sierra de Minas Nuevas, a cuyo pie se encontraba dicho rancho, toda la madrugada caminé a pie por la sierra no obstante la fuerte nevada que caía y al amanecer solo y sin saber de mis compañeros, tuve que esconderme en unas peñas y pasar todo el día sin alimento, esperando que llegase la noche para regresar a Parral y conseguir un caballo con objeto de regresar lo más pronto posible al campamento. Así es que entrada la noche emprendí mi viaje a Parral, logrando llegar a las

lomitas que están cerca de la estación, como a las dos de la mañana, permaneciendo ahí hasta las cinco que entré por el barrio de la
Viborilla, y pasé en la casa de Santos Vega, muy conocido en Parral,
permaneciendo en su casa todo el día, en una capilla que tenía en
su casa en donde se venera la imagen de la Virgen de Guadalupe,
hasta el oscurecer, en que amparado por el manto de la oscuridad,
me dirigí a la casa de Jesús Herrera, quien me proporcionó un caballo en pelo, en el cual emprendí mi fuga con dirección al rancho
de Los Obligados, propiedad de Jesús José Orozco y que dista nueve leguas, habiéndome proporcionado Orozco alojamiento en su
casa desde las dos de la mañana en que llegué, hasta el día de mi
partida que fue dos días después, pues este tiempo se ocuparon de
curarme el rozón que llevaba en la frente, al marchar me dio Orozco un magnífico caballo ensillado y enfrenado, y cincuenta pesos
en efectivo para lo que pudieran ofrecerse.[118]

Después de sortear muchas dificultades y de enterarse que
Ramírez y su hijo habían sido aprehendidos por los militares,
se dirigió al lugar donde había dejado a sus hombres, pero no
encontró nada donde debía estar el campamento. Llamó por su
nombre a cada uno de sus oficiales, creyendo que alguno se había
quedado para informarle del rumbo que habían tomado los demás, pero no recibió respuesta. Como ya era de noche, el otrora
Doroteo Arango tumbó la silla, la puso de cabecera y, tras amarrar
su caballo, se acostó a dormir.

Al amanecer se dirigió al pueblo de San José, llegando a las
doce del día a la casa de la familia de Natividad García, uno de sus
capitanes. Al anunciarse su presencia, García salió corriendo con
cuatro de los soldados, y antes que Villa tuviera tiempo de poner

[118] Ídem.

pie en tierra, los cinco le desmontaron del caballo y en brazos lo condujeron a la sala de la casa, donde le explicaron por qué habían abandonado el campamento. Albino Frías les había contado de la refriega en el rancho del "Tarais" y al concluir el relato les había asegurado que Villa había muerto.

Una vez que se aclararon las cosas, Villa le preguntó a Natividad si aún estaba en disposición de seguir la campaña bajo sus órdenes. El capitán García, entonces, se levantó de su asiento, y con la digna actitud del hombre ofendido por un cuestionamiento, le contestó:

"Mi coronel, con usted yo y los míos iremos a la muerte gustosos, si nos hemos separado es porque lo creíamos muerto, pero puesto que por fortuna no ha sido así, no tiene más que ordenar y será obedecido en el acto, como siempre."

Entonces me levanté yo de mi asiento y dándole un abrazo en señal de agradecimiento dije a Natividad: "no podía esperar otra cosa de ti, así es que reúne toda tu gente a la mayor brevedad posible, porque marchamos a la madrugada de mañana" y en seguida salió a efectuar mi orden, quedando en dos horas reunidas las fuerzas, que al saber mi aparición acudía llena de entusiasmo a saludarme y hacer presente su obediencia y lealtad.[119]

Enseguida emprendieron la marcha de regreso, con rumbo a Satevó, donde esperaron al compadre de Villa, Fidel Ávila, que era otro de los capitanes, llegando al día siguiente con toda su fuerza. En Satevó se estableció el cuartel general y desde allí envió correos a Ciénega de Ortiz, donde se encontraba el capitán Javier Hernández; otro a Santa Isabel, donde se encontraba el

---

[119] Ídem.

capitán Feliciano Domínguez; otro a San Andrés, en donde se encontraban los capitanes Encarnación Márquez, Lucido Escárcega, José Chavarría. Después de unos días fueron llegando cada uno de los capitanes con su tropa hasta que estuvieron todos reunidos formando un ejército de setecientos revolucionarios que marcharon hacia San Andrés. En el camino se batieron en varios combates, y de todos y cada uno de ellos salieron victoriosos.

Considerando que Madero llegó a la Hacienda de Bustillos a finales de marzo de 1911, y que la reunión con Orozco y Villa tuvo lugar en los primeros días de abril, se infiere que Francisco Villa incursionó por su cuenta desde mediados del mes de diciembre de 1910 hasta finales de marzo de 1911. La temeraria incursión que realizó en Parral provocó que perdiera contacto con su tropa, y todos los capitanes pensaron que había muerto. Sus capitanes, seguros de la muerte de su respetado líder, volvieron cabizbajos a sus lugares de origen. La mayoría pertenecían a la región de Santa Isabel y San Andrés, y esto obligó a Villa a retroceder hacia el norte del estado para reorganizar sus tropas. Esto coincidió con la llegada de Madero a la región de Casas Grandes, primero, y a Bustillos, posteriormente.

Todas las proezas que Villa protagonizó durante estos meses revelan la genialidad de un bandolero que sale adelante a cada paso. El espíritu silvestre de Villa se revelaba cuando aplicaba su experiencia en las serranías, en la vida a salto de mata, casi siempre enfrentando con arrojo las situaciones más difíciles. Uno de los rasgos que más destacan en la personalidad del Villa exbandolero es su manera de comportarse como jefe, como compañero: el indómito rebelde se preocupaba primero por los miembros de su tropa y, cada que se hacía necesario, se los ganaba con el ejemplo.

En San Andrés, aquellos tempranos villistas fueron recibidos por el pueblo, que salió a esperarlos con grandes demostraciones de simpatía y aclamándolos hasta dejarlos en los cuarteles que ya les tenían dispuestos. Se les dieron forrajes a los caballos y alimentos a todos los soldados. Las tropas estuvieron en esta población durante ocho días. Ahí recibió Francisco Villa el mensaje enviado por Francisco I. Madero, quien por entonces ya era presidente provisional de la república mexicana. Madero le notificaba que se trasladara, sin la tropa, a la hacienda de Bustillos. Esto sucedió a finales de marzo de 1911.

> Conocer a Madero era una de las cosas por las que yo tenía más interés, pues quería cerciorarme por mi vista quién era el hombre que dirigía aquella revolución, que ya se oía decir que había cundido por toda la república.
>
> Si don Abraham González en Chihuahua me había infundido respeto por su seriedad y moderación, Madero me ganó desde luego la simpatía, porque no tuve trabajo en adivinar en sus palabras lo noble de su corazón, y me nació tenerle confianza, como pocas veces se la había tenido antes a un hombre de su clase, porque me pareció que él, aunque no hubiera pasado por los mismos sufrimientos que nosotros, se condolía del pobre y deseaba lo que yo en mi rudeza había querido siempre: que se mejorara su suerte y se le hiciera valer en todas partes.[120]

Así se encontró Villa con Madero por primera vez. Este hombre, de ropas elegantes, mirada romántica y modales refinados, lo dejó impresionado. Villa estaba ante el jefe de la revolución y presidente provisional de la república, el personaje más importante que había conocido en su vida.

[120] Ídem.

No es difícil comprender el efecto que tuvo para el bandolero irredento ser tratado con respeto y amabilidad por un hombre que gozaba de tanta fama. Fue un impacto en la vida de Villa, pero no como para cambiar su conducta.

En su hoja de servicios anotó Villa el recibimiento que le hizo el jefe de la revolución: "Hombre, Pancho Villa, quería conocerte para darte un abrazo por lo mucho que se habla de ti, y por lo bien que te has portado, ¿qué tanta gente tienes?"[121]

La entrevista duró unos minutos, con la promesa de que al día siguiente, Madero viajaría a San Andrés.

En la noche tuvieron junta de oficiales para organizar una arreglada formación, desde la estación hasta el centro del pueblo, toda la gente de a caballo.

A la hora prevista llegó Madero a la estación donde lo esperaban Francisco Villa y las principales autoridades. En cuanto descendió, se escucharon las aclamaciones de la gente reunida: "¡Viva Madero! ¡Viva el caudillo de la democracia! ¡Viva la libertad! ¡Abajo la dictadura!", y él contestaba con saludos de agradecimiento. Enseguida subieron él y Villa en un *buggy* que pasó entre las dos filas que había formado la tropa, recorriendo así el trayecto de la estación al Palacio Municipal, hasta llegar al kiosco donde Francisco I. Madero dirigió la palabra a toda la gente de la tropa y del pueblo. Antes de tomar el tren de regreso, el presidente provisional le dio una última orden a Pancho Villa: "Mañana te espero en Bustillos a las diez en punto de la mañana, lleva únicamente una pequeña escolta contigo".[122]

En Bustillos, Madero consultó con Orozco y con Villa sobre la conveniencia de atacar Chihuahua, la capital del estado. Villa

---

[121] Ídem.
[122] Ídem.

argumentó negativamente: aunque se contaba con la gente suficiente, muy valientes todos, dijo, se carecía de municiones para
sostener un combate largo. El general afirmó que hacerlo sería ex-
ponerse a un fracaso. Sugirió que se siguiera con la campaña
de guerrillas, procurando siempre acercarse a la frontera, en donde
podrían abastecerse de armas y parque, y entonces sí se podría
lograr ese objetivo. Orozco estuvo de acuerdo.

Días después de esa entrevista, el jefe Madero ordenó el avan-
ce hacia Casas Grandes para tomarla y luego marchar hacia Ciudad
Juárez. Aproximadamente el 10 de abril salieron de Bustillos los
contingentes que se habían concentrado en este lugar. Francisco
Villa marchó con sus tropas de San Andrés, y en Estación Guzmán
se volvió a reunir con Madero. Poco después de llegar a este lugar,
Madero le mandó hablar y, tomándole del brazo, lo llevó a donde
nadie los escuchara. Fue entonces que el presidente le confesó:

"Pancho, ya no hallo qué hacer, ya no como ni duermo a gusto;
los jefes Salazar, García y Alanís me mandan cartas muy pesadas
tratando de desconocerme, y hacen propaganda entre la tropa para
conseguir su objeto; yo ya dos veces he ordenado a Orozco que
desarme esa gente y siempre me contesta que al verificarlo tendrá
que correr mucha sangre, ¿tú qué dices de eso Pancho?" A lo que
le contesté: "Yo hago lo que usted me ordene señor presidente; si
usted me ordena que desarme a estos jefes, los desarmo, asegurándole a usted que no pasa de haber ocho o diez muertos a lo sumo."
Y entonces me dijo: "No hay más remedio que lo hagas."[123]

Entonces Villa se dirigió a su campamento, mandó formar
quinientos hombres de los mejores y les dijo que Madero le había

[123] Ídem.

pedido que desarmara a las fuerzas de Salazar, Luis García y Alanís, y que se iba a hacer. Todos se manifestaron de acuerdo. Con Villa a la cabeza, los soldados cercaron a las tropas de los jefes mencionados y les quitaron todas sus armas y parque, todo esto sin que hubiera un solo muerto. Una vez consumado el desarme, el antiguo bandolero le llevó a Madero a los jefes prisioneros, entregando enseguida el armamento y el parque a Orozco, por orden de Madero.

El día 15 de abril, Villa participó en un combate en la estación Bauche, derrotando a los federales, que huyeron en desbandada a Ciudad Juárez, mientras que las fuerzas revolucionarias recogían las armas y municiones que habían dejado los federales en la huida.

De la estación Bauche seguimos al rancho Flores por tierra. El día 21 se formó el campamento en la orilla del río y la línea divisoria frente a la Esmelta.[124]

Ahí permanecimos algunos días, conferenciando el señor Madero con los delegados de Porfirio Díaz.[125]

Ahí llegó también el jefe Madero, quien al día siguiente escogió un lugar apropiado para hacer el campamento a orillas del Bravo. La gente de Villa recibió órdenes de concentrarse en la parte norte de Juárez, casi en las goteras de la ciudad. A partir de ese día se estableció formalmente el cerco contra los federales acuartelados en esa ciudad.

[124] En todos los testimonios relacionados con el sitio a Ciudad Juárez, usan como referencia a *la esmelta*, que era la fundición de la ASARCO (American Smelting and refining Company).

[125] Hoja de Servicio de Francisco Villa de 1910, del día 4 de octubre al 17 de noviembre. Archivo Histórico de la UNAM. Fuente: MLG. Sección: Historia de la Revolución Mexicana. Subsección: Mats., para la investigación. Serie: Personajes y hechos. Año 51. Caja 100. Expediente 3. Fs. 40.

Francisco Villa: revolucionario y bandolero

Una humilde casa abandonada, con dos cuartos de adobe, sirvió como peculiar despacho del presidente provisional. La última semana de abril se fue en organizar el campamento y buscar los recursos necesarios para sostener en pie a un ejército que sumaba ya entre 2500 y 3000 revolucionarios. Villa era el más preocupado en buscar el forraje para los caballos y los alimentos para sus soldados y toda la tropa.

Por esos días llegaron a Ciudad Juárez Óscar Braniff y Toribio Esquivel Obregón, primeros enviados por parte del gobierno de Porfirio Díaz, a través de Ives Limantour, con el fin de llegar a un acuerdo de paz. El día 22 de abril ofrecen a Madero la salida del vicepresidente de la república Ramón Corral, los lugares de cuatro ministros para que los ocupen personas afines a la revolución, y la retirada de las fuerzas federales de los estados de Chihuahua, Sonora y Coahuila, donde habían surgido los primeros levantamientos revolucionarios.

En estos puntos no se tomó ningún acuerdo, pero Madero quedó en dar respuesta en los días siguientes. Sin embargo, quedó la impresión de que se habían aceptado las propuestas de los delegados del gobierno. En ese ambiente de concordia, el día 23, Francisco I. Madero aceptó abrir una tregua en el sitio a la ciudad.

Un par de días más tarde, el 25 de abril, se dio a conocer en la página principal del periódico *El Paso Morning Times,* una carta firmada por Francisco I. Madero el día anterior. La carta funciona como una potente defensa, en la que se justifica al Villa bandolero por las faltas que hubiera cometido en su larga carrera de proscrito.

Madero defiende al coronel Villa

El jefe insurrecto nunca fue un bandido, como se ha dicho

Protegía el honor de su hermana, al disparar
contra el hombre que intentó violarla, convirtiéndose
así en fugitivo de los oficiales de la ley.

La siguiente carta de Francisco I. Madero fue enviada anoche al *Times*, por medio de un mensajero especial, desde el campo de los revolucionarios al frente de Ciudad Juárez.

A El Paso Times.

Al coronel Francisco Villa equivocadamente se le atribuye haber sido un bandido en los tiempos pasados. Lo que pasó fue que uno de los hombres ricos de esta región, quien, por consiguiente, era uno de los favoritos de estas tierras, intentó la violación de una de las hermanas de Villa, y éste la defendió hiriendo a este individuo en una pierna. Como en México no existe la justicia para los pobres, aunque en cualquier otro país del mundo las autoridades no hubieran hecho nada contra Pancho Villa, en nuestro país éste fue perseguido por ellas y tuvo que huir y en muchas ocasiones tuvo que defenderse de los rurales que lo atacaron; y fue en defensa legítima de sí mismo, como él mató a algunos de ellos. Pero toda la población de Chihuahua sabe que nunca robó ni mató a ninguna persona, sino cuando tuvo que acudir a la legítima defensa.

Pancho Villa ha sido muy perseguido por las autoridades, por su independencia de criterio y porque no se le ha permitido trabajar en paz, habiendo sido víctima, en muchos casos, del monopolio ganadero en Chihuahua, que está constituido por la familia Terrazas, quienes emplearon los métodos más ruines para privarlo de las pequeñas ganancias que él tenía explotando los mismos negocios.

La mejor prueba de que Pancho Villa es estimado por todos los habitantes de Chihuahua, en donde él ha vivido, es que en muy poco tiempo él ha organizado un ejército de más de quinientos hombres, a los cuales él ha disciplinado perfectamente. Todos sus soldados lo quieren y lo respetan.

El gobierno provisional le ha conferido el grado de coronel, no porque haya tenido absoluta necesidad de sus servicios, pues el gobierno provisional nunca ha utilizado, en ningún caso, personas indignas. Por lo tanto, si se le ha expedido el nombramiento de coronel, es porque ha sido considerado digno de él. –Francisco I. Madero (firmado).[126]

¿Cuántos habitantes del estado de Chihuahua y cuántos revolucionarios conocieron este documento?

¿Qué efecto produjo entre los contingentes de otros jefes revolucionarios?

La versión que se incluye es la que apareció en el periódico en inglés, idioma que solo unos cuantos revolucionarios conocían. Es seguro que Villa la agradeció, pero no tanto como para aplacar definitivamente su carácter indomable y contradictorio. Para el exbandolero no fue sencillo adaptarse a las nuevas relaciones que imponía una organización revolucionaria que pregonaba el respeto a la legalidad y al orden.[127]

---

[126] El Paso Morning Times, 25 de abril de 1911.

[127] Al respecto, Isidro Fabela (secretario de Abraham González) narra una anécdota en el tomo I de su *Colección de Documentos de la Revolución*. Queda al criterio del lector otorgarle la veracidad al testimonio:

> Cierta vez que aquel brioso centauro de instintos primitivos mató con sus propias manos a un inocente, el gobernador lo reprendió en forma terrible, y como Villa le respondiera de mal modo queriendo justificarse, don Abraham, encorajinado y violento, dándole un manazo en plena cara, le dijo: "Cállate la boca, eres un asesino..."
>
> El castigado, soportando el golpe, comenzó a llorar.
>
> "Y ahora –agregó el Gobernador-, dame tu pistola; las armas son para los hombres que saben hacer buen uso de ellas, no para los cobardes como tú."

El 27 de abril concluyó la tregua abierta por Madero, pero se acordó una prórroga sin límite de tiempo. Ese mismo día el presidente le entrega un ascenso al mayor Francisco Villa, quien se convirtió entonces en coronel, mientras que a Pascual Orozco se le otorgó el cargo más elevado: el de general brigadier. No fueron los únicos ascensos que concedió el gobierno maderista. Así, el bandolero, el hombre fuera de la ley, Doroteo Arango, ahora conocido como Francisco Villa, se había convertido en uno de los tres jefes principales de la revolución, junto a Pascual Orozco y José de la Luz Blanco.

El 30 de abril, Francisco Villa fue invitado, junto con otros dirigentes revolucionarios, a participar en una discusión a la que acudieron también los jefes políticos más importantes del Partido Antirreeleccionista. Eran once los asistentes, y el punto que se trató fue el de las negociaciones de paz. Se trataba de decidir si se firmaban los tratados de paz en los términos que se había quedado en la reunión del 22 de abril, donde solo se aceptaba por parte del gobierno la salida del vice presidente Ramón Corral, manteniendo al general Porfirio Díaz en la presidencia. Ahí, Francisco I. Madero explicó que él había aceptado en principio el

---

Pancho Villa, obedeciendo a regañadientes, desenfundó su revólver entregándolo a su jefe. Después de un rato de silencio entrambos, y cuando ya se separaban, Villa, suplicante, le dijo: "Don Abraham, deme mi pistola, no volveré a hacer mal uso de ella."

El interpelado se la devolvió, haciéndole prometer que no volvería a asesinar a nadie. Al recibirla, Villa le dijo, subrayando bien sus palabras: "Conste, Don Abraham, que usted es el único que me ha pegado en la cara." "Pues a ver si es la última vez, le contestó el valeroso fustigador."

"¿Y no cree usted –dije entonces al Gobernador– que Pancho le guarde rencor por aquella afrenta?" "Es posible, pero no me importa. A Villa hay que tratarlo así."

"¿Pero, le tiene usted confianza?"

"¿Confianza...? Hasta cierto punto. Teniéndolo cerca lo domino; pero es hombre peligroso."

ofrecimiento porque de buena fuente sabía que Porfirio Díaz iba a renunciar de cualquier modo.

Francisco Vázquez Gómez encabezó la oposición, señalando que no era lo que convenía: lo indicado era, decía, seguir de frente hasta lograr la salida del dictador. Además, advirtió, se corría el riesgo de que buena parte de la tropa se inconformara con ese arreglo. Las discusiones concluyeron al día siguiente, el primero de mayo, con Madero comprometiéndose a rechazar el ofrecimiento y sosteniendo la condición de exigir la renuncia de Díaz.[128]

El 4 de mayo, muy temprano se entrevistó Francisco I. Madero con el licenciado Francisco Carbajal, enviado especial del gobierno de Porfirio Díaz, quien había llegado desde la ciudad de México con la encomienda de firmar los acuerdos tal y como se había quedado con los enviados de Limantour, en la reunión del 22 de abril. Madero le informó a Carbajal que se había agregado como condición la renuncia del presidente Díaz. No obstante, se decidió seguir negociando, buscando la vía para llegar a un acuerdo.

El 5 de mayo se organizó en el campo revolucionario una ceremonia cívica. Se reunió a todos los contingentes de tropa en una explanada natural y desde una especie de montículo, el presidente Madero, acompañado muy de cerca por los jefes revolucionarios, recordó con un emotivo discurso la gloriosa batalla de Puebla.

El 6 de mayo, mientras los representantes de ambos bandos seguían discutiendo sin ponerse de acuerdo, tuvo lugar un incidente protagonizado por el coronel Francisco Villa y el coronel italiano José Garibaldi, único extranjero entre los altos oficiales

---

[128] Ver Katz Friedrich. *Pancho Villa*, tomo I, p. 133.

del movimiento insurreccional. El problema empezó cuando un soldado villista se cruzó en medio del campamento de Garibaldi sin pensar que esto iba a molestar al italiano, quien de manera altanera le llamó la atención y le quitó el arma. El soldado le fue a informar a Villa y éste le envió inmediatamente una nota, exigiéndole a Garibaldi que devolviera el arma. Como no hubo respuesta, Villa decidió responderse personalmente, y ordenó a varios de sus hombres que montaran sus caballos. Así se presentó al campamento de Garibaldi y cuando lo tuvo enfrente, le echó el caballo encima, le asestó un culatazo con su revólver, lo regañó y lo desarmó sin darle tiempo de nada. En cuanto Madero se enteró del incidente, llamó a Villa y lo obligó a disculparse. Ambos militares se dieron un abrazo y el asunto se declaró arreglado, pero todos los del campamento comprobaron, una vez más, que con Villa nadie podía andarse con fanfarronadas, porque así le iba.

El 7 de mayo se llegó a la definición de que ninguna de las partes iba a ceder en sus posiciones y en estas condiciones se rompieron las negociaciones. Enseguida se anunció el rompimiento de la tregua, quedando Madero en plena libertad de ordenar la toma de la ciudad, pero no se decidió por el temor de que se provocaría un conflicto con Estados Unidos, en el caso de que los disparos llegaran a causar algún daño en la población de El Paso. Ante ese riesgo, consideró seriamente la conveniencia de replegarse hacia el sur del estado, pero cuando Orozco y Villa se enteraron de ese propósito, se pusieron de acuerdo para provocar el combate.

En su hoja de servicio, Francisco Villa escribió que en varias reuniones entre los jefes revolucionarios y Madero, se había tratado la posibilidad de tomar la plaza, pero que en cada ocasión el presidente había argumentado que, de acuerdo a la opinión de un general Boero, de apellido Viljoen, ningún ejército podría tomar la plaza de Ciudad Juárez debido a las fortificaciones que la protegían.

Un día pasó el general Orozco a buscar a Francisco Villa. Orozco le preguntó qué era lo que él pensaba de abandonar la plaza y retirarse a Sonora (en otras versiones se asegura que la pretensión de Madero era moverse hacia el sur del estado). Villa le contestó que, en su concepto, deberían tomar la ciudad, porque de lo contrario toda la gente los tacharía de cobardes al retirarse sin siquiera intentar el ataque, después de tantos días esperando. Villa propuso que se enviara gente de José Orozco a "torear" a las avanzadas federales para que empezaran los disparos y después meter a más gente, y así poco a poco, hasta que los federales también metieran más gente y les resultara ya imposible dar marcha atrás. Una vez que se hubiera generalizado el enfrentamiento, se le informaría al ciudadano presidente que la cosa ya no tenía remedio y solo quedaba organizar el combate y proceder de una manera decidida al asalto y toma de dicha población, para encontrar al final la victoria o la muerte. Y él, viendo las cosas expuestas de esta manera, no tendría más remedio que acceder.

De esta manera quedó convenido que al pardear la tarde se le comunicaría a José Orozco, con la mayor reserva posible, que a las diez de la mañana del otro día debía enviar quince hombres con la consigna de tomar la corriente del río hasta donde pudieran provocar a los federales, sin tratar de internarse a la población, sino al contrario, procurar atraerlos alejados de las casas. Era el 7 de mayo de 1911.

Para evitar sospechas, Villa y Orozco durmieron en El Paso y al día siguiente, en cuanto escucharon los balazos, tomaron un automóvil ordenando al conductor que los llevara al puente colgante del ferrocarril, por donde se pasaron al lado mexicano.

Llegaron hasta donde se encontraba el "ciudadano presidente" y fingiendo extrañeza le preguntaron qué era lo que estaba pasando:

—Qué ha de pasar hombres, que ya unos de nuestros muchachos se están tiroteando con los federales; vayan ustedes y retiren esa gente inmediatamente.

Se dirigieron a cumpir con la misión; pero en lugar de retirar a la gente, mandaron a otros cincuenta para que ayudaran a los quince de José Orozco.

A pocos momentos se nos presentó el presidente y nos dijo:

—¿Qué sucede con esa gente? ¿no la han podido retirar?

—Pues no, señor; nos dicen que están muy desbalagados y no la pueden juntar por lo fuerte del tiroteo.

Así siguieron, una y otra vez, simulando que cumplían las órdenes de Madero, hasta que al oscurecer le comunicaron que ya era imposible detenerlos, que no había remedio y se tenía que decidir de una vez: o se atacaba al enemigo o se dejaba morir cobardemente a los muchachos que ya estaban peleando. Más resignado que convencido, el presidente provisional respondió: "Pues si es así... ¿qué vamos a hacer?"

Inmediatamente, Orozco y Villa dispusieron la organización del ataque general, conviniendo que Pascual Orozco entraría por el río hasta tomar la Aduana con quinientos hombres; que José Orozco con doscientos más entraría por donde ya estaban agarrados y que Villa atacaría por donde se encontraba la estación central.

Tomás F. Serrano, colaborador del periódico "El Paso del Norte", que se publicaba en El Paso, fue uno de los principales cronistas de la revolución maderista, hasta la toma de Ciudad

171

Juárez. En los meses siguientes seleccionó los reportajes que había publicado en el periódico entre diciembre de 1910 y mayo de 1911, y muy pronto, en octubre de ese año, dio a conocer su libro, *Episodios de la revolución en el estado de Chihuahua*. Esta obra, publicada originalmente en El Paso, es una de las fuentes bibliográficas más relevantes gracias a su carácter testimonial, además de ser la primera publicación sobre el tema. De ahí he seleccionado la reseña que Serrano escribió sobre los acontecimientos del 8 al 10 de mayo de 1911.

El día 8 de mayo a las nueve de la mañana comenzó el ataque, a las dos de la tarde, cuando escribimos estas líneas y desde nuestra redacción, se oye un nutrido fuego de fusilería por la parte occidental de Ciudad Juárez: los insurrectos se aproximan a las trincheras de los federales que están parapetados en el molino y éstos rompen el fuego. Desde las diez de la mañana empezó el tiroteo; han transcurrido cuatro horas y sigue el fuego, cada vez más fuerte. De vez en cuando suspendemos estas líneas para asomarnos y mirar hacia Ciudad Juárez, y no vemos nada fuera de los curiosos que desde las azoteas de los edificios más altos miran con anteojos hacia el lugar de donde parten los disparos.

Prevemos que habrá desgracias personales; en estos momentos nos avisan que trajeron un hombre muerto de un balazo en la cabeza, por estar de curioso a la orilla del río. Los disparos se oyeron sin interrupción, como el estallar de muchos cohetes a un tiempo. Dicen que las avanzadas del coronel Villa son las que se baten en estos momentos con los federales, y que avanzan enérgicamente y ya tomaron las primeras posiciones que tenían los federales [...]

A las tres y media, ha cesado el fuego de fusilería y se oyen como cañonazos, que dicen hacen blanco en los edificios de la ciudad.

Ya han tomado los insurgentes ambos puentes internacionales, el de la calle Stanton y el de Santa Fe, también la plaza de toros. Desalojaron a los voluntarios del molino, que defendían un cañón y dos ametralladoras.

A fuerza de bombas derribaron los revolucionarios el molino, y los federales que no murieron salieron huyendo como ratas. Hay un valiente serrano que lleva camisa colorada, que ha ido entrando a pecho descubierto y ganando posiciones palmo a palmo como un héroe y a la vista de los curiosos que están a la orilla del río. Todavía no sabemos quién es.[129]

En este momento, que va a cerrar la noche, se vuelve a oír fuego de fusil. Han tomado ya los insurgentes el edificio de la Aduana de Ciudad Juárez.

Toda la noche ha durado el fuego, pues solamente cesó a intervalos. Cuando amaneció estaba rodeado por insurrectos Ciudad Juárez. Los federales tienen un cuartel desde donde se hicieron

---

[129] Aquel día 8, el hombre más popular fue el "camisa colorada" Reyes Robinson, valiente soldado quien, afrontando el mayor riesgo, penetró profundamente en el terreno del enemigo iniciando personalmente, como una chispa en la troje, el fuego, que rápidamente se generalizó. Meses después en noviembre de 1911, cuando la prensa chihuahuense se ocupaba de reseñar los principales acontecimientos revolucionarios, alguien se acordó del famoso personaje que había "prendido mecha" y aparecieron varios "camisa colorada"; ante esa situación, Reyes Robinson recurrió a Pascual Orozco, quien le extendió el siguiente documento el 18 de noviembre de 1911 en Chihuahua: "No tengo inconveniente en manifestar que el C. Reyes Robinson es "camisa colorada" y que fue uno de los que enfrentaron primero a la toma de C. Juárez. Si algunos lo dudasen, formense el juicio que gusten; pero dicho ciudadano fue de los primeros que hicieron frente a la federación el 8 de mayo del presente año."

Con eso quedó resuelto quién había sido realmente el famoso "camisa colorada", hombre valeroso que en un santiamén echó para abajo todos los argumentos de los políticos que habían estancado las negociaciones de la revolución durante tres semanas.

fuertes; las demás posiciones están en poder de los insurgentes. Se dice que hay más de doscientas bajas por ambas partes.

Son las dos de la tarde del martes 9 de mayo, la carnicería horrenda sigue sembrando el exterminio. Los fuegos no son tan intensos como en la mañana, pero no han cesado todavía; solamente dos posiciones de los federales no han podido tomar aún los insurgentes: la iglesia y el palacio municipal, y para conseguir su rendición disparan sobre dichos edificios muchas bombas de dinamita y fuertes cañonazos, pero se conoce que tienen los edificios aludidos una sólida construcción y no han sido derribados.

Desde en la mañana temprano tomó el coronel Villa un cuartel de los federales, después de algunas cargas que precedieron al asalto; lleno de arrojo, valentía y furor, marcha Villa a la cabeza de su gente sembrando el pánico por doquiera, la desolación y la muerte [...]

Las calles de la ciudad están materialmente sembradas de cadáveres: Los muertos y heridos en montón informe se ven tirados exánimes, unos encima de otros. Los unos ya exalaron el último suspiro, otros están próximos a expirar, y éstos palpan a aquéllos para cerciorarse de lo que están viendo; y ante la rigidez de aquellos miembros, llenos de vida unos minutos antes, se les acaba de helar la poca sangre que les queda. Dicen que hay más de doscientos hombres tirados por las calles, porque no se permite pasar a la Cruz Roja para auxiliar a los heridos.

También del lado acá del río ha corrido la sangre. Una muchacha de once años de edad llamada Jesús Varela (*sic*), fue herida en la cabeza estando en su casa de la calle séptima; Inés Burrola, de 84 años de edad, también fue herida al pasar por una calle; Luis Villalobos, herido; Vicente Paredes, muerto en su propia casa; Antonio García, también; Macedonia García, herida y algunos estadounidenses también [...]

Todas las balas que han entrado a la ciudad de El Paso se presume que fueron disparadas por los rifles federales, porque son de máuser.

Durante la noche del martes siguió el combate dentro de, rudo, formidable, encarnizado [...] jadeantes, sudorosos, renegridos por el humo y el sudor, es difícil averiguar cómo se llaman los caudillos, porque están irreconocibles.[130]

El día diez en la mañana, los federales se replegaron derrotados al cuartel Hidalgo, donde se habían hecho fuertes. A las tres de la tarde aceptaron formalmente la rendición, el teniente coronel Félix Terrazas fue el primero en entrar con su gente y le tocó recibir la espada del general Navarro.

Mientras tanto, después de ordenar que se encerrara a los prisioneros, el coronel Villa salió a media rienda seguido de su asistente, a dar parte al presidente de que la plaza había sido tomada. Madero lo recibió sin saber lo que había sucedido y en pocas palabras el coronel Villa le informó que la plaza había sido tomada, a pesar de lo que había asegurado el general Viljoen.

Al oír estas palabras, como no dando crédito, Madero preguntó:

—¿Qué dices Pancho?

—Que nos vayamos a Ciudad Juárez, señor presidente, que la plaza es nuestra; que al general Navarro lo acabo de dejar preso bajo la custodia del teniente coronel Terrazas y, en una palabra, señor presidente, que el ejército libertador ha triunfado, pues con la toma de esta plaza, la situación es nuestra.[131]

---

[130] Serrano, Tomás F. *Episodios de la revolución en el estado de Chihuahua.* Gobierno del Estado de Chihuahua. México, 2011. pp. 313-330.
[131] Ídem.

Tomás Serrano concluye la reseña de la toma de Ciudad Juárez con las siguientes palabras:

> Sublimes ejemplos de grandeza moral en las almas de los combatientes, que formarán época en la historia de México, y los nombres de los caudillos se transmitirán a la posteridad en letras de oro; sus hazañas serán consignadas con indelebles caracteres, sus hechos épicos, sus victorias, sus gloriosas elegías, sus epopeyas sublimes son dignas de remembranza eterna y serán grabadas con imborrables caracteres en los mármoles de·sus regios monumentos.[132]

Después de aquella victoria, la dictadura se desmoronó. En apenas unos cuantos días, el dictador modificó radicalmente su posición: el día 27 firmó su renuncia y, con ella, cerró el compromiso de abandonar de una vez y para siempre el país al que tanto azotó con su mano dura.

Desde entonces se ha expresado por distintas vías la idea de que el presidente Díaz aceptó muy pronto dejar la presidencia. Se argumenta que Ciudad Juárez era solo una ciudad de mediana importancia y que el ejército de treinta mil soldados leales a la dictadura estaba listo para someter a los maderistas. No obstante, estos argumentos desmemoriados omiten que en el mes de mayo se había extendido en todo el territorio nacional el movimiento revolucionario, como una gran marea a punto de arrasar con todo lo que había construido el dictador durante tres décadas. Frente a esa perspectiva, y antes de que eso sucediera, Díaz consideró que con Madero se garantizaba cierta continuidad en su obra, además de que el ejército permanecía intocable como garantía para el dictador, aun cuando Madero no lo entendía de esa

---

[132] Ídem.

manera, y apostaba a que se ganaría a los generales y a la oficialidad porfiriana en cuanto llegara al gobierno. Por si no fuera suficiente, se había dejado imponer el interinato de Francisco León de la Barra, dejándolo completamente en libertad para la maniobra conspiradora.

Las actuaciones de Pascual Orozco y Francisco Villa en la preparación y ejecución del ataque sobre Ciudad Juárez fueron determinantes ante las indecisiones y errores del presidente provisional Madero. No obstante, debo señalar algunas particularidades del desempeño de cada uno de estos jefes militares: Orozco se había erigido por sus propios méritos en combate como el jefe militar de la revolución y enseguida de él, Francisco Villa, muy por encima de los otros dirigentes medios. En los días previos al 10 de mayo se le había incluido junto con Orozco en las reuniones de los políticos para discutir el rumbo de las negociaciones de paz. Él mismo expresa que le cansaban esas reuniones. Lo que distingue a Francisco Villa en todos estos meses es su estilo de dirigir: siempre dispuesto a ir adelante con su gente, arriesgando el pellejo a la par de sus soldados. Esto queda muy bien ilustrado en la entrada que hizo a Parral, llevando solamente a dos de sus compañeros. Lo más sobresaliente de Villa, desde que forma su propio contingente de revolucionarios, es que en todo momento está resolviendo personalmente las necesidades fundamentales de la tropa, rasgo inusual entre muchos líderes militares, incluyendo a varios de los mejores: Villa procura comida, caballos y armas a sus hombres, además de levantar a los heridos y sepultar a los muertos.

Enseguida envié diez hombres al camposanto a que abrieran un bayado para que en él fueran sepultados todos los muertos que a mi fuerza se le habían hecho, ocupándome yo de recoger, con otros quince hombres, los cadáveres, ponerlos en un carro y en una carrucha y enviarlos al panteón para que fueran sepultados. Terminada esta operación me dirigí a la panadería de José Muñiz, ordenándole que pusiera todos los panaderos a labrar todo el pan posible.[133]

Abundan las anécdotas en las que Francisco Villa llega a una panadería y ordena costales de pan y si no hay, se las arregla para que lo preparen. La escritora Nellie Campobello introdujo en su libro *Cartucho* un relato que cuenta cómo dos jóvenes músicos de Parral tuvieron que meterse a la panadería a fabricar grandes cantidades de "rayadas" solicitadas por el general.

Villa contra Madero

Después de la toma de Ciudad Juárez, la figura de Francisco I. Madero adquirió gran relevancia en el escenario nacional y extranjero. Si antes el carácter de presidente provisional no se había tomado en serio, ahora se había convertido en el personaje del momento. Los periodistas mexicanos que se habían concentrado en Ciudad Juárez y en El Paso lo buscaban para entrevistarlo. Algunos periodistas norteamericanos cargaban cámara de cine y esa era la novedad, porque lo filmaban en movimiento.

El 12 de mayo en la tarde se reunieron Pascual Orozco y Francisco Villa. En su hoja de servicios, Villa relató que como a las cinco de la tarde se había presentado Orozco y que le había

---

[133] Hoja de Servicios de Francisco Villa de 1910, del día 4 de octubre al 17 de noviembre. Archivo Histórico de la UNAM. Fuente: MLG. Sección: Historia de la Revolución Mexicana. Subsección: Mats., para la investigación. Serie: Personajes y hechos. Año 51. Caja 100. Expediente 3. Fs. 40.

dicho que necesitaba hablar de algo muy serio con él, pero que lo invitaba a que hablaran en su cuartel. Villa fue enseguida y, una vez ahí los dos solos, Orozco comenzó a decirle que el general Navarro había fusilado a algunos de los familiares de ambos en Cerro Prieto y le preguntó si él estaría de acuerdo en fusilarlo, aun cuando el presidente Madero se opusiera. Villa le contestó que estaba de acuerdo totalmente y que con sus tropas se encargaría de asegurar la ejecución. Se pusieron de acuerdo en que a las diez de la mañana del día siguiente buscarían al ciudadano presidente en el cuartel general, y dieron por terminada la entrevista.

A los ojos de todos los revolucionarios, la demanda de fusilar al general Navarro estaba más que justificada: todos recordaban que, después de la batalla de Cerro Prieto, del 11 de diciembre de 1910, él había ordenado que se fusilara a varios revolucionarios que habían sido prisioneros. Los más afectados e indignados contra el general Navarro eran los de San Isidro, Guerrero, especialmente Pascual Orozco, pues entre los sacrificados se encontraban algunos de sus compañeros de toda la vida, e incluso algunos familiares.

Más o menos a las diez de la mañana, los militares acudieron a la casa de adobe donde despachaba Madero. El encargado de reclamar la cabeza de Navarro fue Orozco. Es muy probable que también le haya echado en cara que no se habían atendido a las necesidades de la tropa a pesar de que la mayoría de los guerreros no se había bañado en muchas semanas: la mayoría vestía apenas hilachos y sufría del hambre acumulada.

La realidad era que ni el presidente Madero, ni ninguno de los integrantes de su gobierno provisional se encontraban preparados para atender las necesidades de la tropa, asunto en el que Villa era muy responsable y exigente.

Madero, que no se esperaba un reclamo directo de parte de Orozco, su jefe militar de mayor grado, se sorprendió y guardó silencio; sencillamente, el presidente no halló qué responder. Una vez más, Madero se encontraba petrificado ante las enormes responsabilidades de una posición para la que no estaba preparado.

Lo que originalmente habían acordado como un reclamo sin mayor importancia, estuvo a punto de convertirse en un enfrentamiento violento. Durante la discusión incluso salieron a relucir las armas y hasta hubo el intento de aprehender al presidente provisional. Sin embargo, Orozco y Villa se arrepintieron de su actitud y ambos pidieron perdón a Madero, pero al que más le afectó el asunto fue a Francisco Villa.

Algunos testigos platicaron después lo que vieron esa mañana; otros lo escribieron. Se pueden contar más de diez versiones, pero con la de Villa y la de Máximo Castillo, escolta personal de Madero, basta para hacer una buena reconstrucción de los hechos.

En las *Memorias* que Villa contó a Ramón Puente, se refleja con claridad de qué tamaño era el acertijo que enfrentaba Villa en aquellos días:

Yo no podía comprender muchas cosas de aquellos tratos ni de aquella política; para mí hasta las palabras y los nombres que oía mencionar eran nuevos, pero trataba con todo interés de enterarme qué era lo más conveniente para nosotros, es decir, para los que peleábamos buscando la mejoría del pueblo.

Entonces oí por primera vez en mi vida elogios y discursos, que aunque me sonaban muy exagerados, me hacían pensar que si yo no me desviaba de mi camino, ni perdía la cabeza con los mareos de aquel "volatín", podría lograr que el nombre de Francisco Villa llegara a muchas partes, sin que me diera vergüenza mi pasado ni avergonzara a los que me entregaran su confianza.[134]

Villa se arrepiente poco después, y escribe al respecto que cuando estaba fresca todavía la toma de Ciudad Juárez, cuando todavía se escuchaban las alabanzas que donde quiera les "recargaban", había hecho caso a las insinuaciones de Pascual Orozco, que una noche lo había ido a buscar a su cuartel para convencerlo de fusilar al general Navarro. Asimismo, el revolucionario confiesa que había aceptado tomar una medida enérgica en contra de Madero, asumiendo él mismo la responsabilidad de aprehenderlo, junto con Abraham González, considerando que obraba en defensa de la causa.

A Manuel Bauche Alcalde le contó más detalles de lo que sucedió ese día 13 de mayo. Recordó que cuando llegó al cuartel general ya estaba Orozco con su gente. Eran las diez de la mañana y él iba acompañado con cincuenta de sus hombres. Después de saludar al señor Madero, se le acercó Orozco y le comunicó que solicitaría que le entregaran a Navarro para fusilarlo y que si Madero no aceptaba, desarmara en el acto a su guardia.

Villa estuvo de acuerdo y Orozco se fue a buscar a Madero. Transcurrieron unos tensos minutos. Fue entonces que Orozco se asomó desde la puerta y le ordenó que desarmara a la guardia. Villa, respetando el trato que tenía con Orozco, pero revelándose ante Madero, su jefe oficial, lo hizo así, y en el mismo momento salió Madero, quien al darse cuenta de que ambos militares estaban de acuerdo, le reprochó con tono de amargura: ¿por qué estaba él también en su contra? Villa no contestó, esperando que

---

[134] Puente, Ramón. *Memorias de Pancho Villa. El Universal Gráfico*, México, 1923.

Orozco indicara lo que procedía, pero entonces vio que éste salía muy agitado tras el señor Madero, pidiéndole que llegaran a un arreglo. Villa no pudo ya escuchar qué más se dijeron: solo alcanzó a oír el murmullo de la tropa. Al final, el general vio cómo Orozco y Madero terminaban dándose un abrazo, y se preguntó si le había faltado energía a Orozco para llevar a cabo el fusilamiento contra la resistencia del señor Madero, o si éste había encontrado razones muy poderosas para convencer a Orozco de que Navarro no debía ser fusilado.

Máximo Castillo relató los hechos desde su posición como jefe de la escolta de Madero. Recordó que había llegado a la comandancia escoltando al señor Madero con diez hombres y que allí estaban listos otros diez de relevo. Madero entró a la comandancia, que servía de Palacio Presidencial, donde ya lo estaban esperando. En eso, le llamó la atención ver que estaban llegando soldados desde los cuarteles de Villa y Orozco, pero pensó que se trataba de alguna reunión.

Castillo intentó entrar a la comandancia para saber a qué se debía tanto movimiento cuando, en esos momentos, observó que Villa traía al señor Madero estirándolo de un brazo y éste se resistía, reclamándole su comportamiento. Castillo corrió inmediatamente para liberarlo, mientras algunos compañeros de la escolta lo seguían. Sintiéndose libre y protegido por Castillo y su gente, Madero ordenaba a gritos que fusilaran a Villa.

Máximo Castillo relató que Orozco intervino en ese momento, ordenando a Madero que se entregara preso; pero el presidente no se detuvo y empezó a caminar hacia donde estaba el automóvil, entonces:

Yo lo abracé con mi mano izquierda y con la pistola en la mano derecha le apuntaba a Orozco, que se abría paso con la pistola en la mano. El señor Madero montó el automóvil, mientras que Orozco se subía por el lado del chofer. Yo me quedé en el estribo, sin quitar la vista de los movimientos de Orozco, ordenando a los de la escolta que prepararan sus armas, listos a los movimientos de Orozco.[135]

Desde arriba del automóvil, Madero empezó a arengar a los soldados preguntando a quién obedecían: ¿a él o a Orozco? Unos gritaban que a él, otros que a Orozco y otros gritaban que a los dos. Sin hacer caso, el general Orozco seguía insistiéndole a Madero que se diera preso. Los soldados que se habían juntado alrededor del carro no perdían detalle. Madero trató de calmar la situación: le pedía a Orozco que no fuera a hacer uso de su pistola y al mismo tiempo le extendía los brazos diciéndole que todo quedaba arreglado y que le diera un abrazo. Orozco insistía en que se diera preso porque era un hombre inútil, inservible, que no era capaz para dar de comer a la gente, que era un embustero porque andaba diciendo que sus hermanos habían gastado su capital en la revolución. Orozco, durísimo, le reprochaba: ¿cómo podrá ser presidente? Madero —un hombre de temperamento paciente, conciliador— no se dejó llevar por las ofensas y, dirigiéndose a la tropa, les dijo que todo quedaba arreglado, que en esos momentos se encargaría de que todos tuvieran para comer y vestir.

Viendo que los ánimos habían bajado, volvió a pedir a Orozco que le estrechara la mano. La mayoría de la gente le pedía que lo hiciera. Tras una pausa angustiante, Orozco reaccionó al fin y le tendió la mano al presidente. Tras la reconciliación, Orozco bajó del auto con los ojos llenos de lágrimas.

---

[135] Vargas, Valdés, Jesús. *Máximo Castillo y la revolución en Chihuahua*. Gobierno del Estado de Chihuahua. México, 2009.

Madero se dirigió rápidamente al lugar donde estaba prisionero el general Navarro, lo subió en el auto y lo llevó a la orilla del río para que se pasara a territorio de los Estados Unidos. Castillo alcanzó a escuchar que cuando se despidieron, Navarro le dijo a Madero que era su prisionero de guerra, y que si mañana lo necesitaba para fusilarlo, él estaba dispuesto a obedecer a la hora que le indicara.

Cuando el señor Madero regresó a la comandancia, encontró que todos los soldados se habían reconcentrado en sus cuarteles. El presidente llamó al siempre rebelde Francisco Villa, con quien discutió duramente, pero pronto se arreglaron y los ánimos se conciliaron en todo el campamento.

En la tarde de ese mismo día se reunieron en la casa donde vivía el señor Madero los hermanos, algunos amigos, su papá, su mamá, licenciado e, ingenieros. Entre todos comentaron los acontecimientos y el gran peligro que se había vivido en la mañana. No faltaron las felicitaciones para Máximo Castillo, por haberse comportado con decisión y valentía en los momentos más críticos. El padre y la madre de Madero se acercaron a él y le dieron mil agradecimientos y satisfacciones. La señora, con lágrimas en los ojos, le pidió que no se separara ni un momento de su hijo, que un día tendría la recompensa por su buen comportamiento. Castillo les respondió que solo había cumplido con lo que le correspondía y que lo seguiría haciendo hasta donde sus fuerzas le alcanzaran.

Francisco Villa escribió después que Abraham González lo había hecho razonar. Reconoció que había juzgado muy mal las cosas y que entre Orozco y él habían puesto en riesgo el éxito de la revolución. Agregó un dato muy interesante que no había registrado Máximo Castillo.

Entonces Madero explicó públicamente a nuestros soldados que estaban en frente del edificio de la Aduana, donde tuvieron lugar estos hechos, cuáles eran los motivos que lo habían determinado para transar con el gobierno del general Díaz, y les hizo palpable la inutilidad del fusilamiento del general Navarro, que todo el mundo podría tomar como una ruin venganza y como una crueldad imperdonable desde el momento en que habíamos convenido hacer la paz.

El modo con que Madero pronunció aquellas palabras y el sentimiento que había en su discurso, me hicieron avergonzarme de haber dudado de aquel hombre que tan noblemente sabía perdonar a sus enemigos; y cuando terminó de hablar y quiso con un abrazo de reconciliación poner fin al desagradable suceso del que Orozco y yo éramos los primeros responsables, lo abracé y le di mi mano, jurándome a mí mismo no dudar más de él y defenderlo siempre que estuviera en peligro. No pude decirle nada, pero él debe haber leído en mi cara el arrepentimiento y estoy seguro que de corazón me perdonó.[136]

---

[136] Puente, Ramón, "Memorias de Pancho Villa", *El Universal Gráfico*, México, 1923.

PARTE VII.

Adiós a la revolución maderista

Después del enfrentamiento del 13 de mayo, Francisco Villa se reunió con Madero. Ambos hablaron en buenos términos; tal vez se dieron algunas explicaciones y revisaron los hechos a "toro pasado". Fueron estos momentos cruciales para la revolución pero, sin embargo, en la biografía del general es muy poco lo que se sabe y se ha tomado en cuenta respecto a los efectos de esa reunión. La versión más conocida, y la que se ha difundido como cierta, fue la que Villa le transmitió en sus memorias a Bauche Alcalde. Villa había decidido retirarse por arrepentimiento, por "la vergüenza que le había producido prestarse a participar junto con Orozco en la insubordinación contra Madero. En la narración, Villa culpó a Orozco de haberlo inducido a cometer una traición que no tenía justificación. En esta parte recordó que después del enfrentamiento, él se había retirado a su cuartel sin decir una palabra; que allí había esperado a que Orozco acudiera a darle una explicación, lamentó que eso no hubiera sucedido y que tampoco lo hubiera buscado en los días siguientes. A manera de desahogo y explicación, el antiguo bandolero dijo:

Fue así como Pascual Orozco, el judas, el traidor, el miserable vendido desde entonces, el héroe falsificado, el guerrero de mentiras, el mercenario de la infamia, quiso que el asesinato contratado por él se efectuara por mi mano; pero como yo no iba para cometer una infamia, sino para llevar a cabo un acto que conceptuaba de suprema y necesaria justicia, al ver que Orozco no insistía en el fusilamiento del general Navarro, depuse toda exigencia en ese punto y me retiré a mi cuartel, sin sospechar la tempestad que pronto habría de surgir dentro de mi alma.[137]

Aseguró también que había sido la voz de sus amigos, la voz de la calle y la del escándalo, lo que le había aclarado "el asqueroso engaño y el innoble papel que se había pretendido hacerle representar en la inmunda trama". El general acusa luego a Pascual Orozco de haberse comprometido con los enviados de paz del general Díaz: Toribio Esquivel Obregón y Óscar J. Braniff, como instigadores del complot que culminaría con el asesinato del señor Madero a cambio de una determinada cantidad de dinero.

Concluye que a Orozco le faltó valor a última hora, o "tal vez sintió algún remordimiento por su infamia" y en los párrafos siguientes el general Villa se extiende en comentarios contra Orozco, insistiendo en que todo había sido un infame plan de éste para asesinar al señor Madero, pero utilizándolo a él, a quien Orozco conocía bien por su carácter arrebatado. Orozco, pues, pretendía hacer cumplir sus fines a través de la rabia acumulada en el alma del general Francisco Villa.

[137] En ninguno de los testimonios que se escribieron después, aparece algún indicio relacionado: Heliodoro Olea, Máximo Castillo, Marcelo Caraveo, e incluso el secretario particular del señor Madero, el licenciado Roque Estrada, escribieron su versión, pero ninguno de ellos coincide con Villa en ese punto: ni siquiera lo dejan ver como una insinuación o posibilidad, además de que ninguno de ellos se circunscribe al asunto del general Navarro como único motivo del conflicto. Todos ellos agregan otros motivos, como el abandono en que el señor Madero tenía a las tropas, después de más de tres semanas de que aquellos hombres habían permanecido a la intemperie, expuestos a todas las inclemencias, vistiendo andrajos y sobreviviendo con cualquier cosa de comida.

En relación a la reunión con Francisco I. Madero, Villa le contó a Bauche Alcalde que tres días después del acto de insubordinación, lo había visitado Raúl Madero, quien le había preguntado por qué no había ido a buscar a su hermano. Villa le respondió que él era hombre de sentimientos y de vergüenza, que Orozco había intentado cometer un atentado y que él, inocentemente, había caído en la trampa.

Raúl Madero lo tranquilizó diciéndole que no se preocupara, que todo estaba aclarado y que nadie dudaba de su inocencia; es más —dijo— si no tenía inconveniente, en ese mismo momento lo acompañaría a buscar a su hermano.

Así fue como, según la versión de Villa, se encaminaron al edificio de la Aduana donde se había instalado la Presidencia provisional a cargo de Madero, quien lo recibió amablemente. El presidente lo pasó luego a un privado donde hablaron, y al final, Villa expuso que era su deseo hacerle entrega de todo lo que tenía a su cargo; le reiteró que él era hombre de sentimientos y de vergüenza. Que como pronto se haría la paz, creía que su misión había terminado y que ya había cumplido con su deber de mexicano.

Ante aquella inusual propuesta, el presidente provisional le preguntó: "¿Te parece bien que Raúl se quede al frente de tus tropas?"

Villa respondió afirmativamente. Madero le ofreció veinticinco mil pesos como compensación a los gastos que había realizado durante la campaña. Villa le respondió que de ninguna manera le aceptaría ese dinero: él había entrado a la revolución para luchar por la felicidad de sus hermanos oprimidos, no por dinero, y a la hora del triunfo, sólo deseaba justicia y que le respetaran sus garantías. Finalmente, ante la insistencia del presidente provisional, cedió y aceptó diez mil pesos.

El presidente llamó a su hermano Raúl. Madero le dio instrucciones para que se le entregara el dinero y para que recibiera el mando de los soldados, ante quienes Villa habló de la mejor manera, recomendándoles obediencia y disciplina hacia su nuevo jefe. Tras despedirse emotivamente, Villa escogió a cinco hombres de toda su confianza, entre ellos Martín López y Tomás Franco, y todos juntos se dirigieron a la estación del ferrocarril, donde embarcaron sus caballos con destino a San Andrés. Cada quien llevaba una buena montura, carabina y setecientos cartuchos para lo que pudiera ofrecerse en el trayecto y de allí en adelante.[138]

Esta fue la versión que recogió Manuel Bauche Alcalde, pero la que registró Ramón Puente es diferente, quedando claro que fue Madero el que pidió a Villa se retirara a la vida privada:

Cuando acabaron los arreglos de Ciudad Juárez y todo parecía que iba a tomar un rumbo muy pacífico, porque según se afirmaba ya no serían necesarias las armas para establecer las reformas que reclamaba el pueblo, Madero me llamó un día y me dijo:

—Villa, la revolución ya terminó, pero yo no podré olvidar los servicios que le has prestado. Te voy a señalar una cantidad de dinero para que te pongas a trabajar y además, se te reconocerá el grado

---

[138] Después del 23 de mayo de 1911, en que Villa entregó el mando de sus tropas a Raúl Madero, se despidió del presidente provisional Madero y en las semanas siguiente regresó al oficio de la compraventa de ganado. Algunos de sus biógrafos han afirmado que durante el segundo semestre de 1911 abrió varios expendios de carne (carnicerías) en la ciudad de Chihuahua; otros han sugerido que en esta actividad entró en competencia con Luis Terrazas y hasta aseguran que de esta rivalidad se derivaron graves conflictos entre ambos personajes, la realidad es que durante casi todo el año 1911, Luis Terrazas con su esposa Carolina y los más pequeños de sus hijos, se la pasó en la ciudad de México, y quien se quedó a cargo de los negocios del grande latifundista fue su hijo Luis Terrazas Cuilty.

de coronel. Acuérdate de que tienes la obligación de regenerarte por el trabajo, y cuéntame siempre como amigo.

Tenía razón, y aunque yo sintiera una gran vergüenza por aquellos consejos, que me traían a la memoria los malos pasos de mi vida y me hacían ver lo distante que estaba todavía de ser un hombre digno, acepté aquel dinero con el fin que se me indicaba; y con el orgullo de contar con la amistad del que iba a ser nuestro presidente, me quedé muy contento, pues mientras otros tenían expectativa de medrar con el nuevo gobierno o en la carrera de las armas, yo volvía a Chihuahua a buscar una buena mujer para casarme y llevar en lo sucesivo una vida tranquila.[139]

Como se ha mencionado, los encuentros con Madero tuvieron lugar en Ciudad Juárez. Villa regresó a Chihuahua, donde solo permaneció unos días para luego viajar al pueblo donde lo esperaba su amada, pues estaba decidido a emprender una nueva vida, tal y como se lo había aconsejado Madero.

En esta parte, Villa relató que de regreso en la capital había tenido la satisfacción de que mucha gente lo reconociera en la calle y vitoreara su nombre junto con los de Orozco, Madero y González, pero también comprobó que los enemigos de la revolución no descansaban al llamarle bandido, además de presentarlo en sus periódicos como un hombre despreciable. No faltó quien le aconsejara que tomara venganza, y él mismo se sentía muy enardecido y predispuesto a darles lo que merecían, pero no respondió nada.

Quise demostrarles que, en mi corto valer, no me ensañaba con nadie, sólo fui a visitar a alguno de los periodistas para convencerme

---

[139] Puente, Ramón. *Memorias de Pancho Villa. El Universal Gráfico*, México, 1923.

por mis propios ojos de que entre esta clase de personas hay muchos cobardes que escriben y no sostienen sus palabras, buscando únicamente la ocasión para escupir su ponzoña, al igual que la víbora.[140]

El día 25 de mayo, Villa y sus leales compañeros abordaron el tren de Chihuahua a San Andrés, donde lo esperaba una de las muchachas del pueblo, a quien meses antes le había prometido matrimonio. Bajaron los caballos, los ensillaron y todos en grupo se dirigieron hacia una de las tiendas, donde fueron recibidos con gran entusiasmo por la señorita Luz Corral y su señora madre.

Después de los saludos jubilosos, el hombre se dirigió a su prometida:

Como la revolución ha terminado, vengo a cumplir mi compromiso... traigo mi hoja de servicios y también mi baja. Le dije a Madero que ya estaba cansado de mi vida errante y que pensaba formar un hogar y ponerme a trabajar... Vengo con un permiso muy corto, pues he prometido a don Abraham González estar con él a su entrada a Chihuahua, y por lo mismo quiero que se vayan en este tren en que yo llegué para que compren lo necesario para la boda.[141]

A los tres días, el 28 de mayo en la mañana, la novia regresó a San Andrés. En el mismo tren arribaron los integrantes de la orquesta que seguramente ella misma había contratado para el

---

[140] Ídem.

[141] En el año 1949, la señora Luz Corral publicó su libro autobiográfico *Pancho Villa en la intimidad*, en cuyas páginas narra diversos momentos de su relación con Francisco Villa, de allí se tomó la información del viaje de Villa a San Andrés, así como las palabras de Villa en el momento del encuentro.

baile. En las horas siguientes fueron llegando todo tipo de invitados; entre otros, Fortunato Casavantes, padrino del matrimonio y representante del gobernador Abraham González; también llegó Trinidad Rico, jefe de estación, así como algunos norteamericanos, entre otros, el señor McClain, viejo amigo de Francisco Villa.

La boda religiosa se celebró el 29 de mayo a las once de la mañana.[142] Tres días después, el primero de junio, los recién casados se despidieron, pero esta separación sólo fue por dos días, pues el 3 de junio, la recién casada recibió un recado por medio del cual su marido le indicaba que la estaría esperando en la estación del ferrocarril de la ciudad de Chihuahua.

En todos estos días, la prensa local desempeñó un papel muy importante. *El Correo de Chihuahua*[143] y el pequeño periódico se-

---

[142] Del mismo libro de Luz Corral se transcribieron los detalles de la boda religiosa, respetando la fecha que ella escribió, aun cuando este es un dato que ha sido cuestionado por algunos historiadores, que cuando menos han expresado sus reservas.

[143] *El Correo de Chihuahua* apareció por primera vez el 1 de enero de 1899 y con algunas interrupciones estuvo circulando hasta el año 1935. En 1909, en las páginas de este periódico, se dio seguimiento al robo del Banco Minero, asumiendo la defensa de los empleados quienes fueron acusados injustamente por Juan Creel como autores del robo, no obstante que entre la opinión pública se había generalizado que en realidad se había tratado de un auto robo perpetrado por el mismo propietario y acusador.

El director de *El Correo de Chihuahua*, Silvestre Terrazas, se distinguió como uno de los principales periodistas del estado, además de que tuvo una participación sobresaliente en el gobierno villista.

Silvestre perteneció al mismo árbol genealógico de Luis Terrazas: nació en Chihuahua el 31 de diciembre de 1873, fue hijo de Nicolás Terrazas y Guadalupe Enríquez; sobrino del cura Luis Terrazas y Córdova, y también sobrino nieto del coronel Joaquín Terrazas y Quezada.

Hizo sus estudios de primaria en la Escuela Grande No. 138 y terminó en el Instituto Científico y Literario el 12 de enero de 1892. Luego viajó a la ciudad de México donde realizó estudios de Contabilidad y Administración.

minal, denominado *El Padre Padilla*,[144] apoyaron desde meses antes del 20 de noviembre al movimiento antirreeleccionista y después de ese día se comprometieron abiertamente con la revolución convocada a través del Plan de San Luis.

El 9 de junio de 1911, en la misma estación del ferrocarril, miles de chihuahuenses recibieron al gobernador interino Abraham González, quien llegaba desde Ciudad Juárez. Fue este un acontecimiento festivo: por primera vez, los habitantes de la capital del estado tenían la oportunidad de expresar su júbilo por el triunfo de la revolución, así como su admiración y respeto por los dos líderes políticos: Abraham González y Braulio Hernández.

En los periódicos *El Correo de Chihuahua* y *El Padre Padilla* del 10 de junio de 1911, se publicó la reseña de la entrada triunfal de Abraham González. De igual manera se publicó el día 11 la reseña de la toma de posesión. En ninguno de estos acontecimientos

---

En 1894, el obispo José de Jesús Ortiz lo hizo su secretario particular y al mismo tiempo lo nombró Oficial Mayor del Obispado. Al año siguiente empezó a editar la Revista Católica y así fue como se inició en el oficio del periodismo. Dos años después, en 1897, junto con Severo Aguirre inició la publicación de la Lira Chihuahuense, revista literaria que salió cada mes durante cuatro años.

[144] Este periódico empezó a publicarse en 1909 bajo la dirección de José Reyes Estrada. Al año siguiente asumió esta responsabilidad el periodista Adolfo Fuentes G. quien le dio continuidad hasta el año 1913.

Durante 1910 y hasta mediados de 1911 se distinguió por su apoyo al movimiento maderista, sin embargo, en septiembre de este último año empezó a publicar duras críticas hacia Francisco I. Madero, primero por la eliminación de Francisco Vázquez Gómez como candidato a la vicepresidencia y después por las inconsistencias del nuevo gobierno revolucionario.

En 1912, Adolfo Fuentes se declaró a favor del movimiento antimaderista dirigido por Pascual Orozco y las páginas de *El Padre Padilla* se encargaron de difundir este movimiento.

participó Francisco Villa. Ni siquiera se le mencionó entre los concurrentes, menos aún al lado del señor González.[145]

Durante la semana siguiente, del 12 al 17 de junio, hubo muchas actividades relacionadas con la instalación del nuevo Gobierno. Por otra parte, todos los días se publicaban notas relacionadas con el general Pascual Orozco, quien al mando de un ejército de aproximadamente dos mil revolucionarios, se encontraba acampado a unos cuantos kilómetros hacia el norte de la ciudad, esperando el momento oportuno para hacer la entrada triunfal a la capital del estado. De ello se informaba en los periódicos, así como del surgimiento de nuevas agrupaciones de carácter político. Todo el estado de Chihuahua, especialmente la capital, se encontraba en plena e incontenible ebullición social.

En este ambiente de euforia revolucionaria, la figura de Francisco Villa se percibe como la de un personaje ajeno al triunfo: no se le presentaba oficialmente como uno de los principales jefes militares, y su nombre en los periódicos sólo quedó registrado como el organizador de corridas de toros para beneficio de las viudas de la revolución. La primera de esas corridas fracasó por

---

[145] En el periódico *El Padre Padilla* del 11 de junio se hizo la reseña de la toma de posesión. En nota separada se informó que a las seis de la tarde había llegado a Chihuahua el coronel insurrecto Francisco Villa, quien al bajar del tren y mientras caminaba por las calles, era vitoreado. Se informó que la visita de Villa había tenido por objeto terminar los arreglos que andaba haciendo para una corrida de beneficencia que tendría lugar ese mismo día, es decir, al día siguiente de que había tomado posesión Abraham González.

En *El Correo de Chihuahua* del mismo día, 11 de junio, se informó que el día anterior había llegado procedente de El Sauz, el coronel Francisco Villa, junto con el coronel Agustín Estrada, ambos habían estado en este lugar donde se encontraba el general Pascual Orozco al mando de las fuerzas del Ejército Libertador, esperando la orden superior para emprender la marcha triunfante hacia la ciudad de Chihuahua.

la lluvia y se tuvo que posponer una semana, para el 18 de junio. Al respecto, *El Padre Padilla* informó el día 19 que habían asistido el gobernador Abraham González, el secretario de Gobierno, Braulio Hernández, y que el coronel Villa, organizador de la misma, los había acompañado en el palco de honor.

Por otra parte, Villa celebraba los primeros días de su vida matrimonial y para seguirle los pasos, la fuente principal es el libro autobiográfico de la señora Luz Corral: *Francisco Villa en la intimidad*. Ella es quien aporta la mayor cantidad de datos respecto a las actividades de su esposo durante el segundo semestre de 1911.

Entre muchas otras informaciones de su relación con Villa, doña Luz Corral escribió que, cuando hizo el viaje de San Andrés a Chihuahua, el día 3 de junio de 1911, se llevó una agradable sorpresa al bajar del tren. En la estación la estaba esperando su flamante esposo, el coronel Francisco Villa, luciendo un elegante traje de charro con botonadura de plata. Recordó en aquel momento que cuando era niña había visto al rico hacendado don Carlos Zuloaga, dueño de la hacienda de Bustillos, luciendo vistosos trajes de charro y que desde entonces había acariciado el sueño de casarse, algún día, con un hombre así. En ese momento, recordó, pensaba que se había realizado su sueño: ahí estaba Francisco Villa, esperándola en el andén, portando gallardamente uno de aquellos finos y vistosos trajes. Ella estaba feliz. Luego escribió del momento en que llegaron a su nuevo hogar, describiéndolo como una casita humilde pero alegre.[146]

El 21 de junio en la mañana tuvo lugar uno de los momentos más emocionantes en la ciudad de Chihuahua: la entrada triunfal

---

[146] Se refiere a la casa de la calle décima que originalmente era pequeña y con un gran patio que se utilizaba como caballeriza, pues esa casita fue también el punto de reunión a donde acudían a visitarlo y a informarse de los asuntos de la revolución los más cercanos compañeros de Francisco Villa.

del Ejército Libertador del Norte. En las notas correspondientes se informa que, desde muy temprano, miles de ciudadanos habían invadido las calles del centro de la ciudad y otros tantos se habían trasladado hasta Nombre de Dios, sitio localizado hacia el norte de la ciudad, a donde habían llegado desde *El Sauz* las tropas al mando del general Orozco, así como los efectivos del ejército porfirista.

La gran columna militar quedó integrada por tres mil soldados del Ejército Libertador y mil quinientos del ejército federal. Al frente marcharon el general revolucionario Pascual Orozco y el porfirista Rafael Eguía Liz, pero la emoción popular se volcó en torno al primero. En aquellos momentos de triunfalismo, el nombre de Pascual Orozco resonaba en todo el territorio nacional como el héroe, el guerrero que había logrado la proeza de aniquilar a un ejército que por más de tres décadas se había proyectado como una ominosa sombra sobre el pueblo, como una indestructible fuerza de la naturaleza. ¿Y Francisco Villa?

El escritor Alberto Calzadíaz escribió que en aquellos días se había llevado a cabo el licenciamiento de tropas, incluyendo a los soldados que habían estado bajo las órdenes de Francisco Villa. A cada soldado se le recogió su rifle y se le entregaron cincuenta pesos, pero no habían quedado conformes con ese resultado. Al día siguiente se reunieron por su cuenta estos hombres y hablaron el tema de la tierra. Se recordó que muchas veces se había dicho que cuando cayera la dictadura se iba a repartir la tierra. Entre los que hablaban se encontraban algunos de los soldados de Villa: Miguel S. Samaniego, Juan B. Muñoz, Andrés U. Vargas, Félix Chávez, y Ramón Acosta Samaniego. Después de considerarlo, se presentaron en el Palacio de Gobierno, donde fueron recibidos por el señor Abraham González quien los escuchó con mucho interés, pero en cuanto mencionaron su deseo de recibir un pedazo de tierra, el gobernador les cortó la palabra diciéndoles que a su tiempo se haría del conocimiento público, impidiendo que se hablara más del asunto. Los soldados se despidieron y se fueron sin decir palabra, en busca de Pancho Villa, a quien encontraron en su casa de la calle Décima, en compañía de Toribio Ortega, Rayo Sánchez Álvarez y los hermanos Machuca.

Andrés U. Vargas tomó la palabra:

—Pancho, queremos que nos digas si es que tú sabes algo de los terrenos, pues el señor Abraham González nos acaba de decir que oportunamente se nos informará si se podrá repartir tierra, pero mediante su compra, y que nos darán quizá facilidades para el pago. Pancho, tú tienes influencia con don Abraham González, habla con él y exponle que esta medida que piensa poner en práctica nos ha hecho desesperar a todos nosotros, los que tuvimos y tenemos fe en los ideales de la revolución que ellos han acaudillado.[147]

Francisco Villa no los hizo esperar: trató algunos pendientes con los albañiles que le andaban arreglando su casa y salió con sus hombres. Todos juntos se presentaron en Palacio de Gobierno, donde fueron bien recibidos por el señor Abraham González, quien después de una larga explicación sobre los elevados ideales del señor Madero, les recomendó que guardaran compostura y que esperaran, porque todo tenía que ser a su tiempo.[148]

[147] Calzadíaz, Alberto. *Hechos reales de la revolución.* Editorial Patria. México, 1979.

[148] Ver la reseña completa en *Hechos reales de la revolución,* de Alberto Calzadíaz, pp. 83 y 84.

La fecha que indica Calzadíaz del 24 y 25 de mayo es errónea porque Abraham González se hizo cargo del gobierno el 9 de junio; probablemente estas gestiones tuvieron lugar pocos días después de esa fecha.

El 29 de junio, en las páginas del periódico El *Correo de Chihuahua*, se publicó el informe sobre los resultados de las dos corridas de toros organizadas en favor de las familias de los insurgentes muertos en batalla. Se trata de un informe muy sencillo con los datos de dos corridas celebradas ese mismo mes: la del día 18 de junio, donde se juntaron $232.40, y la del domingo 25 de junio, que fue menos concurrida: sólo se recabaron $173.87. Sumando lo recabado en las dos ocasiones se reunieron en total $406.27.

Es obvio que con esa cantidad no se resolvían, ni siquiera, las necesidades de una de las viudas, pero el sentido o la importancia principal de esta actividad no se debe contemplar únicamente por el monto del dinero que se juntó, sino también como un acto típico en el carácter de Villa: su solidaridad hacia los compañeros de armas. Villa siempre se mostró generoso con "sus leales" y eso le acarreó mucha admiración y fidelidad de sus hombres.

El Padre Padilla también informó que después de la corrida, el mismo Francisco Villa había organizado un baile en una de las residencias más bellas de la ciudad, la Quinta Espinoza de la avenida Juárez. Como dato curioso se debe consignar que a este baile concurrieron, especialmente, oficiales pertenecientes al antiguo ejército federal porfirista, cosa muy normal, pues en esos días el presidente provisional Francisco I. Madero había lanzado la consigna de que se habían terminado las diferencias y rivalidades entre revolucionarios y militares del antiguo ejército porfirista y que, por lo tanto, en las ceremonias y en las manifestaciones triunfales, deberían aparecer juntos unos y otros.

En la nota informativa del baile, los redactores de *El Padre Padilla* comentaban que día con día aumentaba el espíritu de confraternidad entre federales y revolucionarios. Para demostrarlo, agregaban que más de cien parejas habían danzado alegremente hasta el amanecer y que el organizador, el coronel Francisco Villa, se había encargado de atender a los jefes y oficiales del ejército federal, así como también a los jefes y oficiales revolucionarios.

Parte VIII.

Los buenos no se juntan
con bandoleros

El movimiento electoral para elegir al nuevo gobernador de la revolución inició espontáneamente después del regreso de Abraham González a Chihuahua, el 9 de junio de 1911. En los días siguientes se manifestaron las muestras de apoyo de diversas agrupaciones y personas que lo proponían como el candidato idóneo.

Al mismo tiempo, varios pronunciamientos en favor del general Pascual Orozco dejaron oírse con cierta intensidad, pero él mismo publicó una carta, el 12 de julio de 1911, agradeciendo a quienes se habían manifestado en su favor, anunciando a la vez que no le interesaba participar como candidato.

Al margen de la política, el coronel Villa andaba tratando de establecerse como introductor de ganado junto con algunos de sus soldados que lo acompañaban. El 7 de julio, Villa se dirigió al presidente municipal de Chihuahua por medio de un escrito en el que solicitaba el permiso para vender ganado en el rastro de la ciudad.[149]

Por primera vez en su vida el coronel conocía la relación matrimonial con todas las formalidades, aun cuando la casa de la calle décima, donde vivía con Luz Corral, se había convertido en

[149] Ver documento en el libro de Osorio, Rubén. *La correspondencia de Francisco Villa. Cartas y telegramas de 1911 a 1923*. Gobierno del Estado de Chihuahua. México, 2004.

el punto de referencia para sus actividades comerciales y, principalmente para recibir a sus fieles soldados, que no dejaban de visitarlo. Los macheros de aquella residencia se encontraban constantemente ocupados con las monturas de jinetes que llegaban desde distintas poblaciones del estado. Unos se iban y otros llegaban, pero todos buscaban lo mismo: enterarse y estar en contacto con su jefe para lo que se ofreciera. Ellos "ya estaban picados de revolución"; no habían aceptado voluntariamente regresarse a la vida de antes, olvidándose de todo, pero intuían que las cosas no podían concluir de aquella manera: intuían que algo no había madurado y que más temprano que tarde, probablemente, tendrían que sacar las carabinas.

Esa percepción de que algo faltaba también la vivían los otros revolucionarios, aquellos que se habían quedado en el gobierno convirtiéndose en fuerzas rurales al mando de Pascual Orozco y José de la Luz Soto, José Orozco, Marcelo Caraveo, Agustín Estrada, José Inés Salazar y otros más, cuyas tropas estaban distribuidas en Chihuahua, Parral y Ciudad Juárez. Estos soldados de la revolución estaban atentos a lo que se veía cada día y en ese sentido compartían la misma incertidumbre de los villistas que habían sido licenciados a la fuerza. Había muchas dudas porque aquellos hombres no habían tenido el tiempo necesario para identificarse plenamente con Madero. Y es que la relación de liderazgo se construye paso a paso, en un proceso natural donde el que dirige va demostrando su capacidad y su inteligencia para interpretar lo que las masas esperan de él y, sobre todo, lo que están dispuestos a hacer junto a él. Lo que dejó Francisco I. Madero en las pocas semanas que permaneció en el estado de Chihuahua fueron dudas e incertidumbre debido a los errores que cometió desde que hizo su entrada a Ciudad Juárez, el 14 de febrero de 1911, hasta el primero de junio, día en que salió de Ciudad

Juárez rumbo a la capital de la república. En muchos de sus actos se mostró como un líder que no supo interpretar los anhelos de sus soldados.

Se avecinaba un conflicto que nadie había previsto. A principios del mes de agosto se empezó a escuchar en la Ciudad de México el rumor de que se estaba preparando la convocatoria para una nueva convención con el fin de cambiar al candidato original a la vicepresidencia. Los representantes de algunos clubes antirreeleccionistas de la capital se reunieron con Madero para preguntarle directamente cuáles eran sus intenciones. El presidente les contestó que no había nada de cierto en ello.

A finales del mes se celebró en la ciudad de México la convención nacional con los delegados antirreeleccionista de todo el país. Uno de los acuerdos fue la desaparición formal del Partido Antirreeleccionista y la creación en su lugar del "Partido Constitucional Progresista". El acuerdo más importante fue el cambio de candidato a la vicepresidencia, quedando José María Pino Suárez en lugar de Francisco Vázquez Gómez. Entre las delegaciones, la más numerosa fue la de Chihuahua, y sus votos fueron determinantes en el cambio de candidato.

Esta acción de los convencionistas se asumió en Chihuahua como una traición, porque la mayoría de los revolucionarios apoyaban a Francisco Vázquez Gómez y así se lo habían manifestado al señor Francisco I. Madero por vía telegráfica. Cuando regresaron Antonio Ruiz y demás delegados, se convocó a una asamblea en el Teatro de los Héroes, donde fueron criticados duramente los responsables y tres días después, el 8 de septiembre tuvieron que renunciar. Ese mismo día se celebró una manifestación de protesta en contra de los delegados.

El 4 de octubre Abraham González tomó posesión como gobernador constitucional del estado de Chihuahua y tres días después se hizo público que el presidente Madero lo había nombrado ministro de Gobernación. Entre los simpatizantes que habían votado por él hubo algunas expresiones de inconformidad cuando se informó que González dejaría el estado, pero no hubo mayores consecuencias.[150]

Después de recibir los informes de las condiciones de inconformidad en la capital y en otras poblaciones del estado, el señor Madero decidió viajar a Chihuahua con el fin de calmar los ánimos y recuperar la confianza. Mientras tanto, en el periódico *El Padre Padilla* se informaba que el coronel Francisco Villa iba a celebrar el matrimonio civil con la señorita Luz Corral.

> En su domicilio calle 10ª N°500 se presentó anoche para contraer matrimonio civil el ex jefe insurrecto Francisco Villa con la señora Luz Corral. Se recordará que el casamiento eclesiástico se efectuó en el pueblo de San Andrés hace pocos meses, pero entonces, por falta de autoridades competentes no se pudo legitimar el matrimonio.[151]

El 30 de octubre, finalmente, Francisco I. Madero arribó a Chihuahua. La ciudad entera se declaró en día de fiesta. Hubo un mitin en la Plaza Hidalgo, donde tomó la palabra un joven de nombre Fernando Aguirre, quien colmó de elogios al doctor Francisco Vázquez Gómez. A continuación habló el señor Madero, quien en la primera parte de su discurso elogió a Pascual Orozco y Abraham González. Después dio un sesgo a su discurso defendiendo la candidatura de Pino Suárez. Entre los comentarios de *El Padre Padilla* se dijo:

---

[150] Las elecciones para gobernador del estado de Chihuahua se habían realizado el 20 de agosto de acuerdo a las estipulaciones contenidas en el Plan de San Luis.

[151] *El Padre Padilla*, octubre 26 de 1911, No. 727.

[…] en donde don Francisco desbarró, fue en la defensa que a toda costa hizo del vicepresidente electo, licenciado Pino Suárez; al que dedicó calurosos elogios, que fueron contestados por la inmensa mayoría del pueblo, con estentóreos "mueras" y prolongados siseos. […] El señor Madero hizo ataques rudos y sangrientos al doctor Vázquez Gómez; casi llamó a éste cobarde. Declaró que el doctor en la época de la insurrección se había quedado prudentemente en su casa, y que había desechado la vicepresidencia provisional de la República cuando se le ofreció en territorio Americano. El pueblo en masa por respuesta a los ataques punzantes de Madero, vitoreó al doctor estruendosamente cada vez que su nombre era pronunciado.

Dijo el presidente electo que la impopularidad de Pino Suárez solo se debía a que no era conocida su personalidad, y a que la prensa que se mostró servil con el dictador Díaz y no tuvo el valor civil de enfrentarse con él en la época de la revolución, había engañado al pueblo (éste contestó al unísono que ¡No!) formando mala atmósfera a Pino. Seguramente en el calor de su discurso defensa, el señor Madero se olvidó de que en muchas partes del país, los periodistas que favorecieron la revolución sufrieron todo género de atropellos y vejaciones, y se olvidó también de que esos mismos periodistas son los que han atacado y atacarán a Pino Suárez. Para no ir muy lejos, citamos aquí, en Chihuahua, a don Silvestre Terrazas que fue encarcelado durante 3 meses por sus simpatías a los revolucionarios. Y el mismo señor Terrazas, en su periódico *El Correo*, es quien ha hecho en este estado la más enérgica campaña contra el defenso del señor Madero.[152]

Ese mismo día, por la noche, se organizó una velada en el Teatro de los Héroes y, pese a las contrariedades del mitin, al

---

[152] *El Padre Padilla*. 31 de octubre de 1911. No. 802.

hacer su entrada, el señor Madero fue aclamado con gran entusiasmo y saludado con las notas del himno nacional.

El 31 de octubre en la noche, Madero se despidió de Chihuahua después de visitar el Instituto Científico Literario, la penitenciaría y la casa del señor Alberto Madero, donde se sirvió un banquete. En la noche, antes de partir, acudió a la plaza donde había serenata con la banda musical de los guardias rurales que había formado meses antes el general Orozco. Finalmente, fue despedido en la estación, hasta donde lo acompañaron Abraham González y el propio Orozco.

Al iniciarse el mes de noviembre, la prensa local anunció que el gobernador constitucional Abraham González había sido invitado por el presidente Madero para integrarse al gabinete como ministro de gobernación, quedando como gobernador interino el licenciado Aureliano González. El 7 de noviembre, *El Padre Padilla* recogió la inconformidad expresada por algunos chihuahuenses con los siguientes argumentos:

> Si don Francisco creyó necesarios los servicios de Don Abraham debió considerarlo antes, a fin de que el pueblo se hubiera fijado en otro ciudadano que hubiera desempeñado el gobierno los cuatro años que marca la Constitución.[153]

Con la salida de González se agravó la situación política en el estado. De diversas maneras se expresaban la desconfianza y la incertidumbre, y poco a poco empezaron a gestarse los primeros brotes de un antagonismo declarado contra el presidente Madero. Paralelamente a estos conflictos que se desarrollaban al interior del bando revolucionario, se había reactivado el tema del

---

[153] *El Padre Padilla*. 7 de noviembre de 1911. No. 809.

robo al Banco Minero, que se identificaba como el símbolo del poder económico de los Terrazas Creel. En las investigaciones se había encontrado como culpables a tres empleados sin mostrar ninguna prueba. La sociedad contemplaba esta acción como la representación más clara de la injusticia porfiriana, que torcía el uso de la ley a la conveniencia de los más ricos.[154]

Después del triunfo de la revolución, el proceso judicial seguía en pie. Durante la segunda mitad del año 1911, *El Correo de Chihuahua* arreció sus ataques contra Enrique Creel, señalándolo como el responsable directo de la injusticia. Cada día, en las páginas de este periódico se incluía alguna nota o testimonios de personas que habían sido torturadas y amenazadas. El asunto continuó escalando hasta el mes de noviembre de 1911, cuando fueron sentenciados los tres empleados, condenándolos a varios años de prisión.

¿Por qué —se preguntaban muchos chihuahuenses y en particular Silvestre Terrazas— si ya se hizo la revolución y cayeron los porfiristas, se sigue sosteniendo un proceso lleno de irregularidades, de falsedades, evidentemente injusto?

---

[154] En el mes de marzo de 1908 se había publicado el robo de trescientos mil pesos cometido en el Banco Minero. Se llevaron a cabo decenas de aprehensiones, aplicándose tortura a muchos inocentes a quienes después se dejaba en libertad por falta de pruebas, hasta que meses después se aprehendió a tres empleados a quienes se les inició proceso asumiendo las autoridades judiciales que eran los culpables, esto sin ofrecer ninguna prueba. Durante todo el periodo de 1909 y 1910, este proceso concentró la atención de muchos ciudadanos que estaban convencidos de que se estaba utilizando a los empleados como chivos expiatorios. El director del periódico *El Correo de Chihuahua*, señor Silvestre Terrazas, asumió durante todo el tiempo la defensa de los jóvenes, presentando pruebas de la inocencia y señalando que se había tratado de un auto robo perpetrado por uno de los dueños, el señor Juan Creel.

Este tipo de cuestionamientos iban también dirigidos al señor Francisco I. Madero, quien para entonces ya se había convertido en presidente constitucional. Lo menos que esperaban de él los ciudadanos era que interviniera para que se corrigiera el proceso y se liberara a los empleados injustamente acusados y encarcelados.

En ese contexto, el coronel Francisco Villa envió el 6 de noviembre una carta dirigida al presidente Madero reclamándole directamente por la falta de justicia en su gobierno:

Muy respetable señor y amigo:

Me tomo la libertad de dirigir á usted la presente para recordarle, una vez más, las promesas que nos hizo á todos sus partidarios durante la revolución que puso término á la tiranía que agravió por tantos años al sufrido pueblo mejicano, y que usted, con su ejemplo de singular patriotismo y doctrinas redentoras, lo libertó de la servidumbre.

Ahora que ha tomado usted posesión del poder supremo de la república, esperamos que, tomando en cuenta que una de las principales causas porque se combatió fue la falta de garantías y opresión que gravitaba sobre el pueblo chihuahuense, con los desmanes y atropellos de que fuimos víctimas por parte de la dinastía Creel, haga usted todo lo posible, dentro de sus altas atribuciones, porque resplandezca la justicia en el escandaloso asunto del robo al Banco Minero, pues todavía yacen en la prisión, desde hace más de tres años, unos infelices jóvenes que no tienen más culpa que haberse prestado como instrumentos inconscientes de los verdaderos responsables de ese robo, según el sentir de todos los que hemos sabido las maquinaciones que se emplearon para engañarlos.

No quiero distraer su ocupada atención hablándole de los martirizados por los esbirros de Villacencio y cómplices, porque lo supongo bien informado por lo que ha dicho la prensa; lo que quiero, en un palabra, y lo que desea la mayoría de los hijos de este estado, es que caiga todo el peso de la ley sobre los verdaderos culpables, sin distinción de personas ni de condiciones.

Será un acto de justicia, que lo elevará a una altura mayor de la que lo han colocado sus merecimientos indiscutibles y será el timbre más legítimo con que inaugure su gobierno.

Lo que yo le digo en estas mal trazadas líneas, es el reflejo fiel y sincero de todos los hijos de este estado, que hemos compartido con usted, todas las penas y sinsabores de una época dolorosa que por fortuna ha tenido un fin glorioso con el triunfo de la revolución encarnada en el plan de San Luis Potosí.

Haga usted justicia á esas infelices víctimas del más ignominioso despotismo, y todos los chihuahuenses estarán á su lado como lo estuvimos en los campos de batalla, exponiendo nuestras vidas é intereses por salvar los principios proclamados por usted, que jamás demostró cobardía.

Esperando se digne a contestarme y á la vez manifestarme si puedo publicar los documentos que obran en mi poder, relativos á las garantías individuales, quedo su amigo y seguro servidor. –Francisco Villa. –Rúbrica.[155]

La inconformidad con el gobierno de Madero seguía creciendo. El día 18 de noviembre, el entonces secretario de gobierno, el profesor Braulio Hernández, renunció al cargo, y en entrevista con *El Padre Padilla* declaró que se encontraba muy decepcionado de los resultados: la revolución no había obtenido el triunfo

[155] *Documentos Históricos de la Revolución mexicana.* Publicados bajo la dirección de Josefina E. de Fabela. Tomo II Revolución y Régimen Maderista. Editorial Jus, S.A. México, 1965.

que se pretendía, declaró, pues solo habían triunfado unos cuantos hombres en cada estado de la república.

El día 19 de noviembre circularon rumores que afirmaban que en Ciudad Juárez se preparaba un movimiento reyista —es decir, en favor de Bernardo Reyes—. Frecuentemente aparecían notas de donde se hablaba de rumores en torno a grandes contrabandos de armas. Se celebró el primer aniversario del inicio de la revolución y en Ciudad Juárez los soldados rurales encargados de la plaza, armaron gran alboroto a las 4 de la mañana disparando simultáneamente, causando alarma en Juárez e incluso en El Paso, Texas, donde inmediatamente muchas personas se acercaron a los puentes internacionales, mientras otros se subieron a los cerros, postes y azoteas para mirar qué estaba sucediendo. En Juárez mucha gente corría a refugiarse en territorio de Estados Unidos.

A nivel nacional también había muchas complicaciones a causa del rompimiento de la unidad revolucionaria. A causa de este creciente descontento popular, el 28 de noviembre, apenas una semana después de cumplido el aniversario del inicio de la revolución, Emiliano Zapata proclamó el Plan de Ayala desde el estado de Morelos, acto que significó el inicio de una nueva revolución orientada contra el recién formado gobierno del presidente Francisco I. Madero.

En las memorias que dictó a Bauche Alcalde, Villa anotó que, a finales del año 1911, Madero lo había llamado para que viajara a la ciudad de México. Villa así lo hizo, y encontrándose en aquella ciudad, almorzaron en el castillo de Chapultepec, donde el presidente le pidió que le informara cómo andaba Orozco en Chihuahua. Villa respondió que se paseaba mucho con don Juan Creel y con Alberto Terrazas. Enseguida, y como consecuencia de esa respuesta, le preguntó Madero que si seguiría guardándole fidelidad en caso de que Orozco traicionara a su gobierno, a lo que Villa respondió, sin ninguna vacilación, que lo haría "de todo corazón".[156]

En este contexto, el 15 de enero de 1912 el coronel Francisco Villa abrió un expendio para vender carne al menudeo. Lo curioso de la solicitud de permiso es que el coronel Villa no está solicitando la autorización, sino que está avisando que: "cumpliendo con el Reglamento vigente de expendios de carnes, manifiesto que con esta fecha he abierto un expendio ubicado en la calle 20 y Ygnacio Ramírez, anticipando que su construcción llena los requisitos del reglamento de referencia".[157]

A finales del mes de enero de 1912 la situación política del estado había cambiado radicalmente: el fervor revolucionario de los meses anteriores se había transformado en desconfianza, escepticismo e irritación cada vez más abierta contra el presidente de la república y su gobierno.

¿Qué tanto percibía Francisco Villa este ánimo en la sociedad?

En una nueva carta que envió al presidente Madero expresa su inconformidad y falta de confianza sobre la forma en que está actuando el gobierno de la revolución en el estado. En este caso se trata del reclamo por la falta de castigo contra la autoridad de

---

[156] Más adelante, también en las memorias citadas, Villa dictó que, como a los dos meses, el señor Madero le había llamado de nuevo y que le había dicho que los informes sobre la actividad de Orozco seguían siendo muy malos y necesitaba que le ratificara él su lealtad. Sin pensarlo, Villa le repitió que le cumpliría siempre y que sabría morir defendiendo su gobierno. Analizando lo que escribió doña Luz y lo que el general Villa le contó a Bauche Alcalde, tenemos que de julio de 1911 al mes de febrero de 1912, se entrevistó en tres ocasiones con el señor Madero: la primera, a finales de julio; la segunda, entre los últimos días de noviembre y los primeros de diciembre; y la tercera, en febrero.

[157] Archivo Histórico del Municipio de Chihuahua.

Parral. La carta está firmada el 31 de enero de 1912, y fue recibida por Juan Sánchez Azcona, secretario particular del presidente Madero, quien a su vez la remitió el 14 de febrero al gobernador Abraham González, haciendo la consideración de que "alguien le estaba soplando tras de la oreja a Villa", lo cual podría ser peligroso.

Este documento es de un enorme interés histórico: nos habla de lo que hacía Francisco Villa a principio del año 1912 en la ciudad de Chihuahua. Además, es importante porque un mes después de que el quejoso denunciara a don José de la Luz Soto, se hizo público el movimiento de rebelión que exigió la salida del presidente Madero. El señor Soto fue uno de los revolucionarios chihuahuenses que apoyaron dicho movimiento, al cual se conoció posteriormente como "rebelión orozquista".[158]

Se expone a la consideración de todos los lectores el presente documento: no solo como una nueva aportación al conocimiento de la historia de la revolución en Chihuahua, sino como

[158] Don José de la Luz Soto es un personaje casi perdido en la historia de la revolución en Chihuahua. Fue uno de los primeros jefes que apoyó la entrada del señor Madero al estado de Chihuahua, en febrero de 1911 y prácticamente fue uno de los jefes importantes que iniciaron la revolución en nuestro estado. Era un hombre de aproximadamente 70 años, originario del pueblo de Talamantes y en su juventud había apoyado a los liberales juaristas.

Después de la derrota de los orozquistas, el general Victoriano Huerta lo remitió en calidad de preso a la capital de la república (aproximadamente en junio de 1913) y, de acuerdo a testimonio familiar, permaneció encerrado junto con otros revolucionarios chihuahuenses en una cárcel de aquella ciudad, y cuando el general Victoriano Huerta ejecutó el golpe de estado contra el presidente Madero (febrero 1913), todos los presos políticos que estaban junto con el señor Soto quedaron totalmente abandonados y nadie se ocupó de alimentarlos y atenderlos. Hasta el año de 1914, después de que cayó la dictadura huertista, se encontraron los restos de aquellos presos políticos antimaderistas.

un aporte inédito en lo que se refiere a la personalidad y actividades de Francisco Villa, en una época muy poco conocida de su carrera.

Coronel Francisco Villa.
Calle 10ª No. 500.
Chihuahua, México.

Chihuahua, enero 31 de 1912.

Sr. Don Francisco I. Madero, Presidente de la República.
México, DF.
Muy señor mío y amigo:

Hace tiempo que he querido hablar, pero hablar con entereza y con justicia; y no lo había hecho porque esperaba un resultado satisfactorio de las autoridades locales; pero ahora veo que el mal reside en el gobierno general, he creído conveniente dirigirme al primer magistrado, esperando, como lo digo al principio de mi carta, un resultado satisfactorio.

Quise dar un alto ejemplo de mi honradez renunciando a canongías y empleos que el gobierno de usted me ofreciera: quise, repito, constituirme de revolucionario a ciudadano, pero parece que su política y su gobierno no ofrecen garantías a los hombres independientes: ¿qué sucede pues con lo proclamado en el Plan de San Luis Potosí? ¿Se cumple o no se cumple?

Es una vergüenza nacional señor Madero contemplar, sin tomar parte en la materia, que el caciquismo sigue imperando, que los gobiernos, desde el más alto, hasta el más bajo continúen el sistema regresivo del antiguo régimen, esto, se lo repito, señor Madero, me puede por haber sido yo un colaborador bien intencionado de los principios revolucionarios; y para robustecer lo que antes dejo asentado voy a relatar en breve algunos atentados consumados en el distrito Hidalgo del Parral y a cuya cabeza está don José de la Luz Soto, individuo que en mi concepto no hizo nada en la revolución, ni tiene méritos suficientes para gobernar; de dichos atentados he dado parte al gobernador interino y según parece ni aquél ni éste han tomado cartas en el asunto.

Quedan indicios todavía en el distrito Hidalgo del antiguo régimen, y para probarlo he aquí un hecho: los ex-jefes políticos el distrito a que me refiero odiaban sin causa justificada a un grupo de ciudadanos independientes, entre los cuales se encontraba el C. Ignacio Chaparro, individuo que al estallar la revolución que usted encabezó, fue uno de los primeros que con toda voluntad se incorporó a mis fuerzas, tomando parte muy activa en los encuentros que con la federación sostuve durante la campaña; y ¿cómo es posible, señor Madero, que los de nuestro partido, es decir, los que peleamos por la libertad se conviertan ahora en viles instrumentos de caciquismo? ¿Será esto tolerable?

Ignacio Chaparro fue uno de los ciudadanos que a principios de diciembre pasado se unió a un grupo de hombres pacíficos que no estando conformes con que el señor Soto les impusiera a Nepomuceno Pallán, en Guadalupe, Parral, protestaban enérgicamente elevando al mismo señor Soto un ocurso firmado por la mayoría de los habitantes de aquel pueblo. El referido señor Soto no atendió a dicha súplica sino que creyendo peligrosos a esos ciudadanos los mandó aprehender y al intentar la aprehensión resultó muerto mi soldado Chaparro. Dejo a su inteligencia y criterio lo anteriormente relatado; pasándole a referir otro más:

Otra víctima del caciquismo resucitado la es el mayor don Agustín Moreno, quien también se portó muy valiente en la campaña revolucionaria, este señor era en tiempos de la dictadura perseguido tenazmente por los caciques y como es neutral, al tomar parte en la revolución creció en ellos el odio, más cuando éstos sabían que el triunfo era un hecho, desde entonces, los referidos caciques pusieron a precio su cabeza y precio que aún están dispuestos a pagar, valiéndose ahora del nuevo verdugo don José de la Luz Soto y que se llama Jesús María Yáñez, este individuo ha cometido varios asesinatos por orden exclusiva de Soto y que estoy dispuesto a probar a la hora que se le llame para dar cuenta de sus actos. Y como esos asesinatos que ha cometido han quedado en la oscuridad, cosa igual quiere hacer con el mayor Moreno, a quien en la madrugada del día 27 del actual, el referido Yáñez en compañía de 46 hombres se presentaron en la casa del referido mayor Moreno para aprehenderlo, pero como no lo hallaran en su casa trataron de atropellar al papá del mayor, levantándolo de la cama descalzo y desnudo, preguntándole a la vez por el hijo, pues que traían órdenes de fusilarlo, y que si no se los entregaba que entonces él sería pasado por las armas. Esto y otros muchos que serían por demás enumerar a usted se cometen bajo el auspicio del señor Soto y quedan impunes.

Así pues, por la presente carta protesto enérgicamente contra estos atentados y digo a usted señor Madero que ésta será la última vez que yo me queje ante las autoridades, pues en lo sucesivo no responderé de los actos que mi gente pacífica y trabajadora crea conveniente ejecutar en defensa propia.

Anticipándole las más expresivas gracias por lo que se sirva hacer en favor los males que pongo en su conocimiento me repito de Ud. Afmo. Atto. y S. S.[159]

El mismo día en que Villa envió la carta al señor Madero, en Ciudad Juárez, cien soldados del 24 cuerpo rural se amotinaron

[159] De esta carta tengo copia que se transcribió de la original. La recibí en el año de 1990, después la publiqué en mi columna "La Fragua de los Tiempos" del 31 de julio de 1994.

gritando "¡Viva Zapata! ¡Viva Vázquez Gómez! ¡Muera Madero!" Los soldados aprehendieron a su jefe, el coronel Estrada, colocando en su lugar al teniente coronel Abelardo Amaya, y posteriormente se dispersaron por las calles disparando sus armas, dejando como resultado a tres muertos, varios heridos y una población presa del pánico. Se saquearon tiendas y oficinas públicas, se liberaron sesenta reos de la cárcel municipal, se quemaron los puentes del ferrocarril y se interrumpió el tránsito en los puentes internacionales. La junta vazquista se trasladó a Ciudad Juárez, donde proclamó presidente provisional de la república al licenciado Vázquez Gómez.[160]

El 2 de febrero tuvo lugar un acontecimiento singular en esta ciudad, no tanto por los efectos que produjo, sino porque fue un adelanto de la división que se estaba gestando en el estado de Chihuahua. Ese día, un grupo de revolucionarios, con el profesor Braulio Hernández a la cabeza, firmaron a las diez de la noche el Plan revolucionario de Santa Rosa, por medio del cual se desconocía al presidente Madero.

El mismo día, un grupo armado se introdujo a la fuerza en la penitenciaría, liberando al jefe revolucionario Antonio Rojas, quien había sido encarcelado a causa de los desmanes que había cometido tres semanas antes en la región serrana del municipio de Dolores. Después del asalto, Rojas y su gente se remontaron a la sierra en calidad de alzados. Este acontecimiento provocó gran alarma entre los chihuahuenses. En las páginas del periódico El

---

[160] El 3 de febrero, el general Pascual Orozco, jefe de las Fuerzas Rurales del estado, se presentó en Ciudad Juárez y, sin ningún problema, sometió al orden a los que se habían insubordinado tres días antes. Dejó un nuevo contingente de soldados rurales, al mando del coronel Marcelo Caraveo y se regresó a Chihuahua llevando consigo en calidad de detenidos a varios de los jefes del motín del día 31 de enero. Ver *La revolución en el estado de Chihuahua*, tomo I, pp. 279-280, de Francisco R. Almada.

Correo de Chihuahua se reportó el suceso ampliamente, y durante los días siguientes se manifestó la necesidad de que se buscara a los alzados y se les sometiera al orden.[161]

En estas condiciones, Abraham González renunció como ministro de Gobernación, llegando a Chihuahua el 12 de febrero y celebrando inmediatamente una reunión con el general Pascual Orozco, quien le dio a conocer en detalle la situación general en el estado.

Muy alarmado por los acontecimientos de Ciudad Juárez y después de la excarcelación de Antonio Rojas, el gobernador llamó a todos los elementos adictos al gobierno para que, de acuerdo con los dueños y administradores de haciendas y ranchos, se armaran, a fin de combatir a las gavillas [...][162]

Este era el ambiente que se respiraba en el estado cuando, en la primera página de *El Correo de Chihuahua* del 13 de febrero de 1912, se publicó una extensa nota bajo el encabezado: "¿Dónde está Villa?".[163]

[161] Rojas se había destacado entre los primeros revolucionarios que se unieron al Plan de San Luis. Era originario de Sonora y se destacó como uno de los dirigentes más jóvenes de aquel periodo: sólo tenía 22 años y sus jefes lo apreciaban por valiente y decidido, aunque no se dejaba de reconocer su carácter arrebatado y poco afecto a la disciplina. Había sido encarcelado tres semanas antes.

[162] En el decreto que se publicó en el *Periódico Oficial* del 29 de febrero, se advertía que quienes apoyaran al Gobierno deberían de contar con una autorización por escrito firmada por la autoridad municipal correspondiente, para evitar que se les confundiera con los rebeldes y descontentos.

[163] De esta parte en adelante me remito a los datos registrados en *El Correo de Chihuahua*, durante aquellos días donde se encuentran muchas claves respecto a la posición de los revolucionarios chihuahuenses enfrentados con el señor Madero y las vacilaciones de Francisco Villa que por una parte se ha comprometido con Madero, pero al mismo tiempo se da cuenta que la mayoría de los chihuahuenses se manifiestan en rebeldía contra su gobierno.

A muchos ciudadanos les extrañaba que en aquel ambiente de insubordinación contra el gobierno de González no se hiciera presente el coronel Villa. En esos momentos, lo que más preocupaba era el levantamiento de Antonio Rojas: los vecinos de la capital tenían mucho temor de que en cualquier momento se apareciera con sus tropas y tomara la ciudad por asalto. Desde el inicio de la revolución, la capital del estado se había salvado de los estragos de la guerra y por eso, cada vez que se contemplaba la posibilidad de que ello sucediera, los chihuahuenses ponían el grito en el cielo.

Uno de los ciudadanos más preocupados por esa situación era el director de *El Correo de Chihuahua*, señor Silvestre Terrazas, quien daba por hecho que Villa debería actuar en favor del gobierno maderista y detener a los revolucionarios locales, que cada vez se manifestaban más inconformes. Por eso lanzaba en su periódico una pregunta, prácticamente diseñada para que le llegara a Villa y éste definiera su posición. En la misma nota se explicaba: "A punto fijo no se sabe en dónde se encuentra, ni cuáles son sus planes para el futuro, se escucha que anda en Santa Isabel, en Parral o por el rumbo de Santa Bárbara."

El 14 de febrero *El Correo* informó que el coronel Francisco Villa, con alguna gente que se decía leal al gobierno, se dirigía a Parral con el objeto de rescatar a su compadre, Agustín Moreno padre, quien se encontraba procesado en aquella población por algún delito del orden común.

Dos días después, el 16 de febrero, se hizo público en las páginas de *El Correo* una carta del coronel Villa, acompañada del nombre de veinte de sus oficiales y 500 nombres más. La carta, sorprendentemente, estaba dirigida a todos los mexicanos. En la primera parte, Villa se lamentaba de las dificultades que México estaba atravesando y luego se preguntaba a sí mismo: ¿Cuál es la causa? ¿Qué acaso la falta de garantías son causa por ambiciones personales, olvidándose del pueblo? Luego él mismo se responde y a la vez informa:

Creemos muy necesario, por ser de interés público, manifestar que con motivo de no tener garantías ese pueblo en toda la república mexicana, salí con disposición de reunir nuestras tropas, para saber qué resultado tiene este estado de cosas en que se encuentra actualmente el estado de Chihuahua, porque no es justo que por unos cuantos ambiciosos sufra el pueblo y carezca de esas garantías que justamente le pertenecen; es de todo punto necesario e indispensable que se aclare esto, porque en la actualidad sufrimos la más lamentable desgracia por tantas dificultades en que atravesamos en este último período que parece misterio. ¡Si hay alguno que con la máscara que se pone el hipócrita para cubrir las apariencias, trata de engañar al pueblo!, ¡es un infame!, ¡es un miserable!, ¡es un traidor a la patria!

¿A quién se refería en aquellos momentos el coronel Villa como responsable de las desgracias y las dificultades? ¿Quién era el hipócrita y miserable traidor a la patria que poniéndose una máscara engañaba al pueblo?

Siguiendo las notas que al respecto publicó *El Correo de Chihuahua* en los días siguientes, se puede elaborar una hipótesis sobre la posición del coronel Francisco Villa.

Día 17 de febrero. *El Correo* informó que se había aclarado la actitud dudosa que se atribuía al señor coronel Francisco Villa, de quien algunos llegaron a decir que no era leal al gobierno constituido, no obstante que desde las páginas del periódico se había insistido en su lealtad. Informa contundente:

[...] ahora se puede afirmar que, con objeto de combatir a los sublevados (de Antonio Rojas), ha salido de Pilar de Conchos rumbo a Santa Isabel, acompañado de cerca de seiscientos hombres.

Febrero 23. Anoche se supo que el coronel don Francisco Villa llegó a las cercanías de la hacienda del Charco acompañado de cerca de seiscientos hombres, que han llegado con el mejor ánimo y dispuestos a combatir fielmente a las órdenes del gobierno constituido.

Febrero 24. Se asegura que el coronel Villa está perfectamente dispuesto para procurar con su gente el reinado del orden en toda la región que le sea encomendada para combatir los bandolerismos que se encuentren a su paso.

Esa satisfacción la ha motivado la duda que en días pasados se hizo circular aquí, seguramente por enemigos del citado coronel, que sólo se han ocupado en llevar y traer chismes muy censurables, y por los cuales se quería hacer ver que el coronel Villa abrazaba la causa de desorden y procuraba aumentar las dificultades que actualmente se notan en contra de nuestra patria.

Febrero 25. Las últimas noticias indican que Antonio Rojas se encontraba en Santo Tomás y se considera la posibilidad de un combate con las fuerzas del coronel Francisco Villa, dado que se ha confirmado plenamente la salida de las tropas de Villa con rumbo a la sierra, con el objeto de dar alcance y batir a los levantados de referencia.

De llevarse a cabo ese combate será muy importante su resultado ya que Rojas es el jefe sublevado más importante que opera en el estado.

Después de la publicación de la carta recriminatoria de Villa, la redacción de *El Correo de Chihuahua* reconocía que su posición no estaba definida y que entre la gente se corría el rumor de que "no era leal al gobierno". Durante una semana, el periódico aseguró que eran falsos los rumores y que Villa se iba a encargar de combatir a Rojas y de restablecer el orden; sin embargo, después de pasada una semana y sin que Villa diera ninguna señal de acción, desde *El Correo* se volvió a preguntar dónde se encontraba.

Febrero 27. ¿Dónde está Villa?... No hay noticias. Hasta la hora de entrar en prensa nuestro periódico, no se han tenido noticias de Villa y su gente, que hace tres o cuatro días salió rumbo a la sierra para hacer la persecución de Rojas. Se considera que ha caminado con felicidad, pues ahora se tiene ya comunicación telegráfica hasta ciudad Guerrero, que por algunos días estuvo interrumpido, según tuvieron conocimiento nuestros lectores. Noticias que nos han llegado respecto al señor Villa, nos dicen que camina el tren en que van las fuerzas con bastantes precauciones, yendo muy despacio, pues en algunos tramos va gente a caballo al paso del tren, explorando las cercanías de los lugares que atraviesan.

Dos días después, el 29 de febrero, las noticias del periódico de este día eran contradictorias: *El Correo* reconocía que no se sabía qué objeto o qué miras llevaba el coronel Villa; sin embargo, las personas que lo conocían a fondo desde luego aseguraban que apoyaría al Gobierno, pues decían: "¡Villa podrá ser todo lo que gusten, pero es hombre leal, y aprecia su palabra de honor; no es un traidor!"

Con estas ideas empezaba una extensa nota de este día, en la que se informó que el coronel Villa se encontraba en San Andrés y que los habitantes de este lugar creían que era el único capaz de dominar la situación y de dar garantías al pueblo. Se decía que traía muy bien organizada a su gente, a la cual dividió en grupos de cien hombres bajo las órdenes de un mayor, con sus respectivos capitanes primeros, capitanes segundos, tenientes, subtenientes y cabos. Se hacía notar que cada vez que entraban a una población mandaba cerrar cantinas, prohibiendo estrictamente la venta de licor.

Se destacó especialmente que el domingo anterior había llevado a una banda de música a tocar en el kiosco de San Andrés y que encontrándose allí, reunidos pueblo y tropa, se recibió un manifiesto del gobernador Abraham González, mismo que se leyó ante el entusiasmo de los concurrentes.

El sábado 2 de marzo se presentaron nuevos desórdenes y acontecimientos que determinaron la interrupción del orden constitucional en el estado y la desaparición del gobernador constitucional. Los enemigos políticos de éste organizaron una manifestación integrada por trescientos a cuatrocientos individuos, a quienes previamente se había repartido cerveza. [...]

Los manifestantes se dirigieron a la plaza Hidalgo con el plan anticipado de exigir la renuncia del señor González y eran portadores de seis cartelones con las siguientes leyendas:

"El destino puso en manos de Madero el gobierno de la república, para probarle que es indigno del cargo. Abajo, pues."

"El pueblo de Chihuahua, siempre heroico y siempre digno, pide buenos gobernadores."

"El pueblo de Chihuahua desconoce al gobierno traidor de Madero."

"El pueblo de Chihuahua pide la renuncia inmediata del C. Abraham González."

"El pueblo de Chihuahua confía en Pascual Orozco, su única esperanza."

"El pueblo espera que sus representantes en el Congreso satisfagan sus esperanzas."[164]

[164] En el libro *Vida, proceso y muerte de Abraham González*, el historiador Francisco R. Almada recogió mucha información respecto a los acontecimientos

El día 3 de marzo tuvo lugar un hecho inusitado: empezó a correr el rumor de que el gobernador Abraham González había solicitado el auxilio del coronel Francisco Villa, pidiéndole que con sus tropas se presentara en la ciudad de Chihuahua. Al tener conocimiento de ello, un grupo de ciudadanos acudieron a palacio de gobierno, buscaron al señor Abraham González para exigirle una explicación. No lo encontraron en su despacho, y en ese ambiente de agitación, el general Orozco se puso al frente de los acontecimientos y acompañado de su estado mayor, así como de algunos de los soldados de los cuerpos rurales, se dirigió a la periferia de la ciudad con el fin de impedir la entrada del coronel Villa y sus tropas.

¿Qué fue lo que sucedió el día 3 de marzo en la ciudad de Chihuahua?

El historiador Francisco R. Almada narró que ese día, en la mañana, el general Pascual Orozco fue notificado de que se aproximaba a la ciudad el coronel Francisco Villa. De inmediato el general se dirigió hasta donde estaban acuarteladas las tropas que habían estado bajo su mando y les puso en conocimiento de la situación. Rápidamente, los soldados salieron al encuentro de Villa. Lo enfrentaron en las inmediaciones de Rancho Blanco donde, después de un breve combate, Villa fue derrotado, retirándose en dirección a Satevó.[165]

La versión del general Juan Gualberto Amaya es más precisa: él escribió que después de que los ciudadanos habían buscado

---

de los primeros días de marzo, es decir, de los días previos a la firma del Plan de la Empacadora. Es casi seguro que el historiador tuvo a la mano los expedientes judiciales que se encontraban en el Archivo Histórico del Gobierno del Estado de Chihuahua que se quemaron durante el incendio del Archivo histórico del estado en el año 1941.

[165] Almada, Francisco. *Vida, proceso y muerte de Abraham González.* Instituto Nacional de Estudios Históricos de la Revolución Mexicana. México, 1967.

sin éxito al gobernador del estado, se dirigieron al general Pascual Orozco solicitándole y hasta exigiéndole que por ningún motivo abandonara la capital, puesto que él, como nadie, estaba obligado a salvaguardarla ante el peligro villista. Luego, Amaya asegura que Villa no pretendía enfrentarse con Orozco, sino sumarse a sus tropas, pero que éste lo había rechazado de una manera tajante.[166]

El 6 de marzo, *El Correo de Chihuahua* informó que un ciudadano había recibido telegrama fechado el día anterior, por medio del cual el coronel Francisco Villa informaba que iba rumbo a Durango, pero que regresaría a más tardar en un mes.

El 7 de marzo en el mismo periódico se publicó que se había dado a conocer una carta firmada por el coronel Francisco Villa en los primeros días de febrero. En la nota, el redactor de *El Correo* expresaba que ese documento se reproducía para que los lectores tuvieran conocimiento de su contenido. No se hizo ningún otro comentario, aunque se mencionó que quienes la daban a conocer públicamente lo hacían para "que se viera la duplicidad del citado jefe".

Coronel Francisco Villa.

Calle 10° número 500. Chihuahua, México.

Chihuahua febrero 7.

Señor general don Pascual Orozco.

Ciudad.

Muy señor mío y amigo:

La presente es para ponerle en su justo conocimiento lo siguiente. Siendo imposible permanecer por más tiempo indiferente al movimiento actual, hoy salgo para la sierra a reconocer mi gente,

---

[166] Amaya, Juan Gualberto: *Madero y los auténticos revolucionarios de 1910*. Gobierno del Estado de Chihuahua. México, 2010.

tanto para ponerla al corriente de los sucesos que se desarrollan en esta capital y a la vez evitar que se cometan actos que puedan complicar más la triste situación por la que atraviesa nuestro estado.

Considerando que es justicia, anticipo decirle que como siempre cuente con mi ayuda si mañana puede ser útil en algo; voy confiado en su carácter y no dudo que a la brevedad posible arregle el estado actual de cosas, ya sea haciendo conocer al pueblo de Chihuahua los verdaderos ideales que persiguen los que andan levantados en armas, que según decir, todo el ejército regular está de acuerdo a que se cumplan las promesas de la revolución pasada.

Su afectísimo y atento y seguro servidor. (Firmado). Francisco Villa.

Epílogo

El triunfo de la revolución convocada en el Plan de San Luis dejó entre los grupos y la dirección nacional muchos problemas sin resolver, particularmente en el estado de Chihuahua. La relación del presidente provisional Francisco I. Madero con algunos dirigentes locales estuvo determinada por varios conflictos desde el momento en que éste asumió la dirección en Ciudad Juárez. Después del triunfo militar del 10 de mayo, en los seis meses siguientes las contradicciones se hicieron cada vez más antagónicas.

El famoso exbandolero no quedó al margen de estas contradicciones. Villa había abandonado sus actividades ilegales para dedicarse por completo a la revolución, convirtiéndose en uno de los jefes más efectivos, pero sus éxitos personales y el triunfo del movimiento revolucionario no determinaron un cambio total en su relación con los demás. Muchos de los compañeros lo siguieron considerando como bandolero, y en su momento el jefe Madero tuvo que pedirle que se retirara a la vida privada, haciéndole recomendaciones para que de ahí en adelante llevara una vida honorable.

Mientras el nuevo gobernador Abraham González asumía el cargo y en la capital del estado se festejaba el fin de la dictadura, Villa miraba desde lejos la entrada triunfal de sus compañeros. Durante los meses siguientes se mantuvo al margen de las actividades políticas, solo se reunía con algunos de sus antiguos compañeros, los orientaba y representaba en la medida de sus posibilidades. Siguiendo los consejos de Madero, Villa se había casado con la señorita Luz Corral, había arreglado casa en Chihuahua y estaba decidido a cambiar de vida, pero no dejaba de informarse y de reflexionar en el rumbo que estaba tomando el gobierno de la revolución.

Los acontecimientos en el estado de Morelos y la publicación del Plan de Ayala en noviembre de 1911 no repercutieron en su posición. No hizo mención al respecto ni en las cartas que escribió en esos días, ni en las memorias que dictó años después a Bauche y a Puente; sin embargo, a finales del año empezó a manifestar su inquietud respecto a la forma en que Madero estaba conduciendo el gobierno. En las cartas que le dirigió al presidente en noviembre y enero le trataba asuntos muy concretos, pero el lenguaje no era el de un subordinado: veladamente, entre líneas, Villa expresaba su inconformidad.

Durante los meses de enero y febrero de 1912, Villa se encontraba en una encrucijada: por una parte no estaba dispuesto a enfrentar al gobierno de Madero, pero a la vez era consciente de que la mayoría de los chihuahuenses que formaban las fuerzas revolucionarias eran contrarios al gobierno. Los leales al gobernador Abraham González lo presionaban para que se manifestara en su defensa. Villa evitó hacerlo, probablemente porque con toda la experiencia que había adquirido intuía que en ese momento significaba ponerse en el lado opuesto a la mayoría de lo que expresaba el pueblo.

Por otra parte, los chihuahuenses más ricos, junto a buena parte de los integrantes de la clase media, presionaban al gobernador para que no llamara a Villa y su gente. El temor era muy grande: no querían tener entre la gente decente al bandolero.

En estas condiciones, a principios de marzo, el coronel buscó tímidamente una vía para sumarse a los revolucionarios rebeldes y cuando lo hizo fue rechazado bajo las mismas motivaciones, ahora sí expuestas de manera directa: los buenos no se juntan con los bandoleros.

Finalmente, el 5 de marzo de 1912, un año después de que Madero había llegado a Juárez para ponerse al frente de la revolución, los mismos soldados que lo habían llevado al triunfo lo desconocían como presidente a través del Plan de la Empacadora.

El *Correo de Chihuahua* publicó varias notas respecto a las actividades de los rebeldes del Plan de la Empacadora y la persecución de que fue objeto Francisco Villa y setecientos soldados que lo acompañaban. Se especulaba que se encontraba en el sur del estado, con intenciones de dirigirse a Durango. El 11 de marzo se publicó una carta del señor Agustín Moreno dirigida a Villa, en la que le aconsejaba, como compañero y amigo, que siguiera el camino que marcaba la justicia: si apoyaba al gobierno, le decía, iba a desaparecer su popularidad. Moreno le reiteraba, con la amistad y franqueza que siempre los había unido, que el partido que proclamaba para presidente de la república al señor licenciado don Emilio Vázquez Gómez, era el adecuado para derrocar a la nueva dictadura. Este compadre era el mismo al que Villa había defendido en la carta que el 31 de enero le había escrito al presidente Madero.

El 21 de marzo de 1912, *El Correo de Chihuahua* publica una nota indicando que se han recibido informes de que los jefes Villa y Urbina se habían unido con el objeto de combatir al ejército revolucionario, peleando a favor del gobierno maderista.

Tres días después, el 24 de marzo, tuvo lugar la primera batalla de Rellano que terminó en desastre para las fuerzas del ejército maderista. El coronel Villa quedó totalmente al margen de esta acción. No hubo ninguna nota que indicara su ubicación en esos días.

El 13 de abril llegó el general Victoriano Huerta a Torreón para hacerse cargo de la reorganización del ejército de Madero, que había sido derrotado en Rellano y días después se presentaron el coronel Francisco Villa y otros jefes revolucionarios de Chihuahua y Durango, para integrarse como "fuerzas irregulares".

En ese momento se iniciaba una nueva etapa en la vida del antiguo bandolero. En muy pocos días, el general Huerta reorganizó sus tropas, derrotando a los rebeldes del Plan de la Empacadora en la segunda batalla de Rellano que tuvo lugar entre el 22 y 23 de mayo. Después, Huerta hizo lo mismo en Bachimba y en Parral, destacando en estas acciones las tropas de Francisco Villa, quien había recibido el ascenso a general de brigada por nombramiento del presidente Madero; sin embargo, el trato que recibiría en los días siguientes sería el mismo o peor del que había recibido anteriormente. Villa solo se liberaría del estigma cuando se convirtiera en un gran jefe militar y, finalmente, dejara de depender de quienes no lo habían valorado plenamente como revolucionario. No está fuera de lugar imaginar al coronel Villa, en estos momentos de su vida, reflexionando: mirando hacia atrás, contemplando su vida mientras hacía un recuento de todas sus hazañas, asaltos y aventuras. Es posible, también, mirar a la distancia al pequeño Doroteo Arango —ese que cortaba leña y se amistaba con la fauna de la región donde creció— y entender cómo ese niño se volvió, a través de las vicisitudes de una vida azarosa en una época no menos arbitraria, en el joven bandolero, y cómo, finalmente, ese ladrón terminó como un estratega y líder militar de una de las luchas sociales más importantes de la historia de México. Al final, es imposible entender a uno sin el otro: el Villa revolucionario es, inextricablemente, una consecuencia del Villa bandolero. Quizá el mismo Doroteo Arango lo sabía, en el fondo de su beligerante alma. Graciela Olmos le dedicó el siguiente corrido:

En Durango comenzó
su carrera de bandido
y cada golpe que daba
se hacía el desaparecido.

Cuando llegó a La Laguna
tomó Estación de Horizontes,
desde entonces lo seguían
por los pueblos y los montes.

Dónde estás Francisco Villa,
general tan afamado,
que los hiciste correr
a todos como venados.

Gritaban Francisco Villa:
El miedo no lo conozco,
¡que viva Pancho Madero
y muera Pascual Orozco!

Un día allá en el noroeste,
entre Tirso y la Boquilla,
se encontraban acampadas
las fuerzas de Pancho Villa.

En Durango comenzó
su carrera de bandido
y cada golpe que daba
se hacía el desaparecido.

Bibliografía

Almada, Francisco: *La revolución en Chihuahua* Tomo I. Biblioteca del Instituto Nacional de Estudios Históricos de la Revolución Mexicana. México, 1964.

Almada, Francisco. *Vida proceso y muerte de Abraham González*. Instituto Nacional de Estudios Históricos de la Revolución Mexicana. México, 1967.

Amaya, Juan Gualberto. *Madero y los auténticos revolucionarios de 1910*. Gobierno del Estado de Chihuahua. México, 2010.

Avitia Hernández, Antonio. Corrido Histórico Mexicano. Editorial Porrúa. México, 1997.

Bolaños Cacho, *Miguel. Sembradores de vientos*. Imprenta Bolaños Cacho, Hnos. San Diego, California, 1928.

Buelna Eustaquio, *Apuntes para la historia de Sinaloa, 1821-1822*. Editor Genaro Estrada. Departamento Editorial de la Secretaría de Educación. México, 1924.

Calzadíaz, Alberto. *Hechos reales de la revolución*. Editorial Patria. México, 1979.

Cázarez Aboytes, Pedro. *Heraclio Bernal. Entre el bandolerismo y la rebeldía*. Colegio de Bachilleres del Estado de Sinaloa. México, 2009.

Corominas, Joan. *Breve Diccionario Etimológico de la Lengua Castellana*. Madrid, Gredos, 1961.

Corral de Villa, Luz. *Pancho Villa en la intimidad*. Centro Librero La Prensa. Chihuahua. México, 1977.

Crónicas de Cosalá. Antología. Colegio de Bachilleres del Estado de Sinaloa. México, 1994.

De la O Holguín, José. *Tomás Urbina. El guerrero mestizo.* Instituto de Cultura del Estado de Durango. México, 2000.

Diccionario Porrúa. Historia, biografía y geografía de México. Editorial Porrúa, México, 1995.

Fabela, Isidro. *Mis Memorias de la Revolución.* Editorial Jus S.A. México, 1977.

_____, *Documentos Históricos de la Revolución mexicana.* Publicados bajo la dirección de Josefina E. de Fabela. Tomo II Revolución y Régimen Maderista. Editorial Jus, S.A. México, 1965.

Gastelum, Ignacio. *Apuntes biográficos de Heraclio Bernal historia de sus principales hechos vandálicos.* Culiacán, México, 1888.

Girón, Nicole. *Heraclio Bernal ¿Bandido, cacique o precursor de la revolución? Instituto Nacional de Antropología e Historia.* México, 1976.

González, Luis, compilador. *Fuentes de la historia contemporánea de México, libros y folletos.* Tomo I-II-III El Colegio de México, 1961.

Guzmán, Martín Luis. *Memorias de Pancho Villa.* Compañía General de Ediciones, S.A. México, 1972.

Herrera Celia. *Francisco Villa ante la historia.* México, 1964.

Jiménez Carrillo Gilberto y José Teodoro Ortiz Parra. *Ignacio Parra, bandido legendario.* Congreso del Estado de Durango LXII Legislatura. México, 2006.

Katz Friedrich. *Pancho Villa.* Tomo I y II. Ediciones Era. México, 1999.

López Sánchez, Sergio. *Eraclio Bernal: De la insurgencia a la literatura.* Instituto Municipal de Cultura de Culiacán. México, 2012.

Marín Fausto Antonio. *La rebelión de la Sierra. Vida de Heraclio Bernal*. Edición Américo. México, 1950.

Martínez Valles José. *Revolucionarios Camarguenses (1910-1916)*. Chihuahua, 1967.

Mendieta Vega Roberto y Fernando Rodelo Mendoza. *Nuevas Miradas. Repercusiones Socio-culturales de la Independencia y la Revolución Mexicana en Sinaloa*. Gobierno del Estado de Sinaloa. México, 2010.

Muñoz, Rafael F. *Pancho Villa Rayo y Azote*. Editora de Periódicos S.C.L. México, 1955.

Ortelli, Sara. *Trama de una guerra conveniente. Nueva Vizcaya y la sombra de los apaches (1748-1790)*. El Colegio de México, 2007.

Ortiz Vidales, Salvador. *Los bandidos en la literatura mexicana*. Editorial Tehutle. México, 1949.

Osorio, Rubén. *La correspondencia de Francisco Villa. Cartas y telegramas de 1911 a 1923*. Gobierno del Estado de Chihuahua. México, 2004.

Peral, Miguel Ángel. *Diccionario Biográfico Mexicano*. Editorial P.A.C. México, 1944.

Puente, Ramón. *Vida de Francisco Villa contada por el mismo*. L.A., 1919.

_____, *Villa en pie*. Editorial México Nuevo. México, 1937.

Rouaix, Pastor. *Diccionario Geográfico, Histórico y Biográfico del Estado de Durango*. Instituto Panamericano de Geografía e Historia. México, 1946.

Serrano, Tomás F. *Episodios de la revolución en el estado de Chihuahua*. Gobierno del Estado de Chihuahua. México, 2011.

Terrazas, Silvestre. *El verdadero Francisco Villa*. 3ª edición. Gobierno del Estado de Chihuahua. México, 2009.

Towner, Heberta. *Rafael F. Muñoz, Su vida y su obra*, Tesis presentada para obtener el grado de maestro de artes en español de la Universidad Nacional Autónoma de México. 1945.

Ullóa, Berta. *De fuentes, historia, revolución y relaciones diplomáticas*. Josefina Mac Gregor selección y prólogo. El Colegio de México, 2011.

Vanderwood Paul. *Los rurales mexicanos*. Fondo de Cultura Económica. México, 1982.

Vargas Valdés, Jesús. *Máximo Castillo y la revolución en Chihuahua*. Gobierno del Estado de Chihuahua. México, 2009.

Vargas Valdés, Jesús y Flor García Rufino. *Nellie Campobello. Mujer de manos rojas*. Gobierno del Estado de Chihuahua. México, 2013.

Villa Guerrero, Guadalupe y Rosa Helia Villa Guerrero. *Pancho Villa: Retrato autobiográfico 1894-1914*. UNAM. México, 2004.

ARTÍCULOS DE PERIÓDICOS Y REVISTAS

Campobello, Nellie. "Perfiles de Villa". *Revista de Revistas*. 7 de agosto de 1932.

El Paso Morning Times, 25 de abril de 1911.

Montes de Oca José. *El Universal Ilustrado*, 28 de febrero y 7 de marzo de 1929.

Vargas Valdés, Jesús. "La Fragua de los tiempos". *El Heraldo de Chihuahua*. 31 de julio de 1994.

Ortelli, Sara. "Parientes, compadres y allegados: los abigeos de Nueva Vizcaya en la segunda mitad del siglo XVIII". *Revista Relaciones* 102, del Colegio de México, 2005. Volumen XXVI.

"Ignacio Parra, bandido legendario". *Revista mensual de historia, cultura, turismo y algo más, de la Unión de Cronistas Municipales del Estado de Durango, A.C.* Año 1. Número 2. Enero de 2007.

Puente, Ramón. "Memorias de Pancho Villa". *El Universal Gráfico*. México, 1923.

Urquizo Francisco L. Entrevista a Nicolás Fernández. *Revista El legionario*. 11 de enero de 1952.

Vito Alessio Robles. "Las memorias dictadas por el general Francisco Villa". *Revista Todo*. 28 julio 1936.

El correo de Chihuahua.

El Padre Padilla.

Periódico Oficial del estado de Chihuahua.

Periódico Oficial del estado de Durango.

ARCHIVOS

Archivo Histórico del Estado de Durango.

Archivo Histórico de la UNAM.

Fondo Reservado de la Biblioteca Miguel Lerdo de Tejada.

Archivo Histórico del municipio de Parral.

Archivo Histórico del Municipio de Chihuahua.

Archivo de la Secretaría de Cultura del Estado de Chihuahua.

Archivo del Obispado 1885-1895.

Archivo Judicial del Distrito de Guerrero, Chihuahua.

Juzgado Primero y Segundo de lo Penal Hidalgo del Parral Chihuahua.

ENTREVISTAS JESÚS VARGAS V.

Braulio Meraz. Durango, 1998.

Fidel Yáñez. Chihuahua, 2002.

Margarita Parra. Durango, 2008.